Goethes Wanderjahre in Lateinamerika und der Südsee

Dieter Strauss

Goethes Wanderjahre in Lateinamerika und der Südsee

PETER LANG
EDITION

Bibliografische Information der Deutschen Nationalbibliothek
Die Deutsche Nationalbibliothek verzeichnet diese Publikation in der Deutschen Nationalbibliografie; detaillierte bibliografische Daten sind im Internet über http://dnb.d-nb.de abrufbar.

Umschlaggestaltung unter Verwendung der Zeichnung
Johann Moritz Rugendas „Urwald bei Manqueritipa"
in der Provinz von Rio de Janeiro

Gedruckt auf alterungsbeständigem,
säurefreiem Papier.

ISBN 978-3-631-65538-2 (Print)
E-ISBN 978-3-653-04991-6 (E-Book)
DOI 10.3726/978-3-653-04991-6

Peter Lang Edition ist ein Imprint der Peter Lang GmbH.

Peter Lang – Frankfurt am Main · Bern · Bruxelles ·
New York · Oxford · Warszawa · Wien

Diese Publikation wurde begutachtet.

www.peterlang.com

Inhaltsverzeichnis

„Kennst Du das Land, wo die Zitronen blühn?"

Einführung

Kennst Du das Land, wo die Zitronen blühn,
Im grünen Laub die Goldorangen glühn,
Ein sanfter Wind vom blauen Himmel weht,
Die Myrte stille und froh der Lorbeer steht,
Kennst Du es wohl?
Dahin! Dahin
Möcht' ich mit Dir, o mein Geliebter, ziehn! (1)

Ein Loblied auf den Süden, das die geheimnisvolle Mignon in Goethes „Theatralischer Sendung" so hinreißend vortrug, dass Wilhelm Meister ganz gebannt war. Ob er es kenne, wollte sie wissen. Und der dachte natürlich spontan an Italien. Dass auch südlichere Länder gemeint sein könnten, zeigt Alexander von Humboldts Bemerkung an Goethe: ... *und am rauen Winterabend wandelt man ja wohl gerne einmal in einem schön belaubten Tropenwald umher.* (2) Und das gilt natürlich ganz besonders für Goethe, den man ja während seiner Straßburger Zeit den *Wanderer* (3) nannte und den Ernst Feder bei den Feierlichkeiten zu Goethes 200. Geburtstag in Rio de Janeiro im August 1949 sogar zum Brasilianer machte. (4) Der Journalist des „Berliner Tageblatts" Feder musste vor den Nazis nach Brasilien fliehen und lernte schnell so gut portugiesisch, dass er für brasilianische Zeitungen schreiben konnte. Er war Schachpartner des berühmteren Emigranten Stefan Zweig in Petropolis bei Rio de Janeiro und der Letzte, der Zweig vor dessen Selbstmord im Februar 1942 gesehen hatte. Eine Brasilienbegeisterung, die sogar der „Nordländer" Thomas Mann aus seinem amerikanischen Exil Goethe 1949 bescheinigte. Und schließlich wollte ja auch Goethes Frankfurter Verlobte Lili Schönemann mit ihm nach Amerika auswandern.

Dass aber bei Goethe Zweifel an der südlichen Ferne blieben, bestätigt Ottilies Stoßseufzer in den „Wahlverwandtschaften": *Es wandelt niemand ungestraft unter Palmen, und die Gesinnungen wandeln sich gewiss in einem Lande, wo Elefanten und Tiger zu Hause sind ... Wie gerne möchte ich nur einmal Humboldten erzählen hören.* (5) Gleichzeitig angezogen und abgestoßen, das wird Ottilie. Der Grund ist eindeutig: Man meinte damals, dass der Aufenthalt in der südlichen Fremde die moralischen Begriffe auslösche. (6)

Doch der Reiz an fernen Traumorten war stärker. Selbst der Astronom Franz Paul von Gruithuisen, der deutliche Spuren der Mondbewohner, ja sogar ganze Städte auf dem Mond entdeckt haben wollte, beeindruckte Goethe: Er traf sich mit ihm zwischen 1825 und 1831 mehrfach, hielt ihn für *vorzüglich* und *grundgut* und seine Arbeiten für *wertvoll.* Aber obwohl er nicht völlig überzeugt war, schickte er die *Mondphantasien* doch an seinen Herzog Karl August. (7)

Kurz, der Wunsch, jenseits der eigenen Welt noch Traumorte besonders in Lateinamerika und der Südsee zu finden, der war stark in Goethe. Bleibt zu fragen, welche Vorstellungen er sich von dieser Welt machte, ob diese Räume nur Illusion waren, die Verheißung einer Phantasiewelt. Gezeigt werden soll auch, in wieweit Goethe für Traumreisen prädestiniert war, welche Reisen er tatsächlich unternommen hat, welche Reiseforscher wie Alexander von Humboldt er gekannt und getroffen hat und ob er diese Eindrücke in seiner Literatur verarbeitet hat. Reizvoll sicher auch die Frage, in wieweit er mit seiner Affinität für ferne Welten zur literarischen Figur in Werken anderer Schriftsteller geworden ist.

„Immer sich kreuzende Fremde deuten nach allen Weltgegenden hin und erwecken Reiselust“ (1)

Goethes Interesse an fremden Ländern und seine Prädisposition für Reisen

Gemeint ist hier Frankfurt, die lärmige, weltoffene Messestadt mit ihrem Fluss und Hafen, mit ihrem Rausch von Erwerben und Konsum, mit ihren bei Goethes Geburt im August 1749 rund 30.000 Einwohnern, mit den vielen ausländischen polyglotten Messegästen, die sich in den verwinkelten Gassen mit ihren Läden und Handwerkern verloren. Geheimnisvoll, das war dieser „Medina-Teil“ Frankfurts sicherlich auch. Es ist nachvollziehbar, dass diese kontaktfreudige und gleichzeitig rätselhafte Stadt Goethe als Kind anzog. Bestimmt auch wegen der schönen Gärten und herrlichen Natur, die sie umgaben.

Goethes Vater Johann Caspar war Jurist und hatte ein Praktikum am Reichskammergericht in Wetzlar absolviert. Danach ging es zunächst für ein Jahr in die Welt, nach Italien und auf dem Rückweg nach Paris und Amsterdam. Zurück in Frankfurt, lebte er als Privatier, schrieb seine Reiseerinnerungen, sammelte Bilder und Bücher und konzentrierte sich auf die Ausbildung und Erziehung seiner Kinder. Für Latein, Religion und die musischen Fächer, da gab es einen Hauslehrer. Die Geschichte der Stadt und Erdkunde behielt er sich selbst vor. Auch das Vorlesen aus seinem Reisebuch. Wie er sollte der Sohn später Jura studieren und eine Italienreise unternehmen. Zu viel, das war ein bisschen zu viel Fürsorglichkeit, denn wie sollte man sich sonst Goethes Seufzer erklären: *Vom Vater hab ich die Statur,/ des Lebens ernstes Führen/ Vom Mütterchen die Frohnatur/ Und Lust zu fabulieren.* (2) Katharina Elisabeth Textor, das Mütterchen, wurde im Familienkreis die *Prinzessin* genannt, weil sie lieber Romane las als im Haushalt mitzuarbeiten. Und ihre Kinder verzauberte sie abends mit Geschichten und Märchen, die Goethe dann seiner Großmutter forterzählte. Sie war kein Kind von Traurigkeit, im Gegenteil: Sie wollte alle kleinen Freuden genießen, dazu gehörten auch Wein und Schnupftabak. *Nacktärsche,* das waren für sie Goethes Plastiken und seine Christiane nannte sie *Bettschatz.* Dass Goethe seine Mutter voll Liebe sah und den Vater eher mit Distanz, wundert nicht. Umso befremdlicher, dass der *Hätschelhans*, wie ihn seine Mama liebevoll nannte, die Mutter zwischen 1775, seinem Umzug nach Weimar, und 1808, ihrem Tod, nur viermal besuchte. (3)

Das Erdbeben von Lissabon am 1. November 1755 fesselte den noch nicht ganz sechsjährigen Goethe stark: Es verbreitete *ungeheuren Schrecken. … Sechzigtausend Menschen, einen Augenblick zuvor noch ruhig und behaglich, gehen miteinander zu Grunde … Der Knabe, der alles dies wiederholt vernehmen musste, war nicht wenig betroffen.* (4) Und natürlich fasziniert von der Weltbreite, denn Portugal gehörte damals gefühlsmäßig so wenig zu Europa wie noch Mitte des 20. Jahrhunderts. Zunächst ging aber der Blick nach Italien: Vater und Sohn lasen immer wieder begeistert die italienische Reisebeschreibung des Vaters gemeinsam, schließlich sollte der Filius später auch dorthin reisen. Über die störenden Moskitos, das unbekömmliche Essen und den schweren Wein Italiens beklagte sich Johann Caspar nur bei einem Freund. (5) Die ausgezeichnete Landkartensammlung des Vaters verführte Goethe zu ersten imaginären Weltumrundungen. (6) Zusammen mit Robinson Crusoe (1719), der „Insel Felsenburg" (1731 ff.) von Johann Gottfried Schnabel, die nach einem Schiffbruch die Staatengründung und Gesellschafts-Utopie auf einer Südseeinsel beschreibt, und der „Voyage round the world" (1749) des Lord Anson: … *und indem wir diesen trefflichen Seemann mit den Gedanken begleiteten, wurden wir weit in alle Welt hinausgeführt, und versuchten ihm mit unseren Fingern auf dem Globus zu folgen,* (7) bei seiner Reise um das Kap Horn über die Philippinen zurück nach England.

Zunächst ging es aber im September 1765 zum Jura-Studium nach Leipzig. Goethe, damals schon ein geschickter Verseschmieder, konnte sich mit seinem Wunsch, in Göttingen Altertumskunde, Rhetorik und Poetik zu studieren, um seine eigenen Dichtungen zu verbessern, nicht durchsetzen. „Ging" ist gut gesagt: die Kutschfahrt dauerte sechs Tage über die damals besonders bei Regen *bösen Wege,* (8) und der Wagen blieb bei Auerstedt prompt im Schlamm stecken. Goethe bezahlte seine Mithilfe bei der Rettungsaktion mit einer Bänderzerrung an der Brust, die ihn noch Jahre verfolgte. Die Wege waren so schlecht, dass Lichtenberg spottete, die spannende Entführungsgeschichte einer „Schönen" könne hier gar nicht geschrieben werden, weil sich die Täter sofort im Schlamm mit ihrem Opfer festfahren würden. (9) Leipzig nannte sich damals „Klein-Paris". Es war eben nicht so geheimnisvoll verwinkelt wie Frankfurt, sondern hatte viele prachtvolle breite, auf dem Reißbrett entworfene Straßen und seine berühmten umbauten geselligen Höfe. Die elegante und mondäne Messestadt war mit ihren 30.000 Einwohnern genau so groß wie Frankfurt, aber mit den vielen ausländischen Messebesuchern noch internationaler als die Stadt am Main. Sie erinnert uns eher an „Brasilia" als an eine „Medina".

Das Auge war vor allem das Organ, womit ich die Welt fasste. (10) Wer so wie Goethe für Anschaulichkeit plädiert, der kann mit Jura nicht viel anfangen. Die

Medizin und die Naturwissenschaften, Disziplinen bei denen einem buchstäblich eben nicht Hören und Sehen vergehen, die reizten Goethe viel mehr. Zumal gerade die Medizin ihm *die Natur nach allen Seiten wo nicht aufschloss, doch gewahr werden ließ.* (11) Goethe studierte also in Leipzig weniger die Rechte als das Leben, da hat Richard Friedenthal ganz recht. (12) Offenbar mit so viel Bier und Kaffee, dass er schwere Verdauungsbeschwerden bekam. Dass er nach drei Jahren keinen Jura-Abschluss machen konnte, versteht sich. Dafür hatte er ab Frühjahr 1766 eine Affäre mit der Wirtstochter Kätchen Schönkopf, seiner „Annette" bzw. seinem „Ännchen", wie er sie nannte. Das war aber keine Liebe, die sich über alle sozialen Grenzen hinwegsetzte. Dazu kam im Februar 1768 seine Reise nach Dresden, bei der ihn die Gemäldesammlungen, besonders die Niederländer, verzauberten und in eine andere Welt entführten. Ganz sicher so wie seine eigenen Zeichnungen und seine Beschäftigung mit den berühmtesten Malern. (13) „Klein-Paris" hatte Goethe damit weiter für die Welt aufgeschlossen.

Nach schwerster Krankheit verließ er mit neunzehn Jahren im August 1768 Leipzig in Richtung Frankfurt.

In Frankfurt bildete sich Goethes bedrohliche Halsgeschwulst bald mit Hilfe von Salzen zurück. Eine Erfahrung, die ihn zu chemisch-alchemistischen Büchern greifen ließ, die unter anderem auch Spekulationen über die Entstehung der Welt aus Licht und Materie enthielten. Ja, selbst mit den Goldmacher-Träumen kam er in Berührung. In seinem kleinen Labor experimentierte er mit Mainkieseln und Salzen, immer in der Hoffnung, den Umschlag zum Organischen zu finden. Seine Vorliebe für induktives Vorgehen zeichnet sich hier bereits ab, ganz im Gegensatz zu dem deduktiven Arbeiten seines späteren Freundes Schiller. Dass *der anschauende Begriff dem wissenschaftlichen unendlich vorzuziehen sei,* (14) davon war er überzeugt. Der Sog der Messestadt Frankfurt mit den vielen sich kreuzenden Ausländern erfasste ihn noch als Kränkelnden: Er wollte gern Paris kennenlernen, ganz einfach, um zu erleben, *wie sich das französische Leben lebt.* (15) Und dazu hatte er allen Grund: War doch Paris für ihn bis ins hohe Alter die Weltstadt, die mit ihren Kunstschätzen und Wissenschaften auf der ganzen Erde einmalig ist. Und mehr noch: Wir Deutsche sähen dagegen doch ziemlich ärmlich aus und könnten dem nichts entgegensetzen. (16)

Und der Vater setzte sich erneut durch: Goethe akzeptierte im Frühjahr 1770, zum Abschluss seines Jurastudiums nach Straßburg zu gehen. Examen und Promotion standen auf dem Programm. Kätchen schrieb er sofort diese Neuigkeit und fügte hinzu: Selbstverständlich fahre er dann weiter nach Paris, das war ja schon länger sein Wunsch. Aber auch Straßburg, dieser Kreuzpunkt zwischen der deutschen und französischen Kultur, dieses Sprungbrett in Richtung Weltstadt Paris faszinierte ihn. Mit seinen vielen Durchreisenden und mit seiner ungezwungenen relaxten Lebensart, mit den vielen Tanzwütigen und den Reitausflügen in die schöne Umgebung. Die bewunderte er auch vom hohen Münsterturm, der ihm das Gefühl gab, *als wenn man sich auf einer Mongolfière in die Luft erhoben sähe.* (17) Kein Wunder, dass ihn damals Herder als *äußerst leicht und viel zu leicht und spatzenmäßig* beschrieb. (18) Herders Geniebegriff, die Auflehnung gegen starre Hierarchien und kleinbürgerliche Beschränkungen, die Sprengung der Konventionen, nahm Goethe gierig auf. Ja, mehr noch: Er entdeckte Shakespeare, den *Wanderer,* der die französische Theaterregel der drei Einheiten weggefegt hatte. (19) Ganz so wie später sein Wilhelm Meister, der ebenfalls auf Shakespeare stieß, von ihm nachhaltig beeinflusst wurde und für den *der Sturmwind des bewegtesten Lebens* durch dessen Werke brauste. (20) Und dann ging da noch *ein allerliebster Stern* auf, (21) Friederike Brion, die er auf einer seiner Reittouren kennenlernte. Eine ländliche Liebesgeschichte, die peinlich ausging: Goethe ließ die Trauernde einfach zurück, ihre Welt war ihm doch zu klein. (22) Ob der Götz, den Goethe ihr zwei Jahre später schickte, bei Friederike für Trost sorgte, weil im Stück die Untreue Weislings gegenüber Maria gerächt wird, muss bei ihrem weiteren freudlosen Leben im Hause ihrer Schwester bezweifelt werden. Goethe jedenfalls hatte sein Leben literalisiert: Er hatte einige Sesenheimer Episoden ganz nach dem Roman „Der Pfarrer von Wakefield“ von Oliver Goldsmith nacherlebt und später auch so in „Dichtung und Wahrheit“ beschrieben. (23) Ein Vorgriff auf Goethe als literarische Figur in Werken anderer Schriftsteller? Bei so großen und mitreißenden Ablenkungen, von seinen Abschweifungen in die Naturwissenschaften ganz zu schweigen, reichte es natürlich nur zu einem juristischen Kandidatenexamen, das er im September 1770 bestand. Die Promotion schenkte er sich dann und begnügte sich mit dem Lizentiat der Rechte, das aber im Allgemeinen auf der Straße als Doktorat angesehen wurde. Nach Paris schaffte er es auch nicht mehr, die Franzosen hatten ihn in Straßburg zu stark kritisiert, vor allem sein Französich. Nur geduldet fühlte er sich unter Franzosen, *aber keineswegs in den Schoß der einzig sprachseligen Kirche aufgenommen.* (24)

Trotz aller Eskapaden: Zurück in Frankfurt ließ er sich Mitte 1771 als Anwalt nieder und noch dazu zusammen mit seinem Vater, der ihm zuarbeitete. Eine Tätigkeit, die er bis zu seiner Umsiedlung nach Weimar im Herbst 1775 durchführte, die ihm aber viele Freiräume ließ. Den „Götz“ jedenfalls schrieb er in einem Rutsch im November/Dezember 1771. Dass große Persönlichkeiten in einer kleinbürgerlichen Welt ohne Chancen sind, das hatte Götz erkannt, und das galt sicher auch für ihn. Die Sprengung der konventionellen Theaterregeln und die wechselnden Paarbindungen haben Goethe vielleicht bewogen, das Stück erst im Juni 1773 erscheinen zu lassen – auf Drängen seines Freundes Johann Heinrich Merck, der ihn ganz nach dem Motto *Bei Zeit auf die Zäun', so trocknen die Windeln* (25) zur Veröffentlichung überredete. Und was für ein Erfolg der Götz wurde! Über Nacht eroberte er sein Publikum und entwickelte sich zum Geheimtipp. Auf einen Schlag wurde Goethe berühmt.

Bereits im Mai 1772 nahm sich Goethe eine Auszeit in Wetzlar. Ein Intermezzo als Praktikant am Reichskammergericht, das bis September 1772 dauerte. Wie auch schon sein Vater sollte er dort Erfahrungen im Staats- und Zivilrecht sammeln, allein rund 16.000 unabgeschlossene Prozesse lagerten in den verstaubten Gerichtsräumen und sorgten für eine lähmende Atmosphäre. Doch der wusste Goethe sich zu entziehen: Er amüsierte sich stattdessen mit seinen neuen Freunden, wurde schnell deren gesuchter Mittelpunkt. Besonders im Hause des Amtmanns Buff, dessen neunzehnjährige hübsche, charmante und begehrenswerte Tochter Lotte er bei einem Kutschausflug mit anschließendem Tanzvergnügen kennengelernt und in die er sich prompt verliebt hatte. Dass sie schon mit dem Legationsrat Johann Christian Kestner verlobt war, machte ihn sorglos, eine feste Bindung, die wollte er damals noch gar nicht. Auch Kestner suchte die Nähe des anziehenden jungen Goethe, dem er *Genie* bescheinigte und *eine ganz außerordentlich lebhafte Einbildungskraft.* (26) Das Dreieck hatte sich aneinander gewöhnt, und sie lebten *den herrlichen Sommer hin, eine echte deutsche Idylle, wozu das fruchtbare Land die Prosa, und eine reine Neigung die Poesie hergab.* (27) Doch im September fühlte Goethe bereits, dass er sich zu sehr verstrickt hatte und verließ Wetzlar zu Fuß und ohne Vorankündigung in Richtung Frankfurt. Auf dem Weg machte er Station bei Sophie von la Roche, der bekannten Autorin des Briefromans „Geschichte des Fräulein von Sternheim". Dass er sich in ihre achtzehnjährige Tochter Maximiliane verliebte, gefiel deren rund zwanzig Jahre älterem Verlobten gar nicht, bekam aber der Lotte seines „Werther" gut, die die schwarzen betörenden Augen Maximilianes bekam.

Und der „Werther" wurde zum Riesenerfolg, nur ein Jahr nach der Veröffentlichung des „Götz". Sicher nicht nur wegen der faszinierenden dunklen Lotte-Augen, sondern wegen seines klaren und unbedingten „ja" zur Subjektivität, wegen seiner freien Rede über Liebe, Ehe, Kunst und Religion, kurzum, wegen seines Auslösens des „Sturm und Drangs", ein Name, der von dem Titel des Theaterstücks Friedrich Maximilian Klingers stammte. Das Buch wurde sofort europaweit übersetzt, erlebte im ersten Jahr seine siebte Auflage, von den Raubdrucken ganz abgesehen, und wurde von den angesehensten Schriftstellern wie Lessing, Wieland oder Klopstock positiv aufgenommen. Da fiel das Leipziger Verkaufsverbot nicht weiter ins Gewicht, das die theologische Fakultät betrieben hatte: Sie sah in dem „Werther" eine Rechtfertigung des Selbstmords, eine Verteidigung, die keineswegs sein darf. Die Kestners waren natürlich auch nicht glücklich mit der Veröffentlichung: Er sah sich zu stark als langweiliger Philister in die Ecke gestellt, und die Werther-Lotte erwiderte nach der Ansicht Charlotte Buffs zu stark Goethes Liebe. *Es ist getan, es ist ausgegeben, verzeiht mir, wenn ihr könnt.* (28) Das schrieb Goethe immerhin nach dem Erscheinen im Oktober 1774 an die Kestners.

In Frankfurt wehte den berühmten Autor eine neue Liebe an: Zu einem *schönen, liebenswürdigen, gebildeten* siebzehnjährigen Mädchen, zu Lili Schönemann, die aus einem reichen Bankiershaus stammte. *Ein unbezwingliches Verlangen war herrschend geworden; ich konnte nicht ohne sie, sie nicht ohne mich sein.* (29) Aber da war auch noch gleichzeitig seine Brief- und Seelenfreundin, die zweiundzwanzigjährige Auguste Gräfin zu Stollberg, eine Werther-Begeisterte. Genügend Stoff für seine „Stella", ein Stück, das einen Mann zwischen zwei Frauen zeigt und in eine Ehe zu Dritt mündet.

Eine Lebensform, die für Goethe persönlich nicht in Frage kam. Sollte er mit Lili fliehen, vielleicht sogar bis nach Amerika, diese Pläne wälzten die beiden Liebenden. Wollte er sich überhaupt schon binden? Zunächst floh er 1775 in die Schweiz. Aber auch nach seiner Rückkehr blieb die Unentschiedenheit, die Unzufriedenheit: *Ich bin wieder scheißig gestrandet, und möchte mir tausend Ohrfeigen geben, dass ich nicht zum Teufel ging, da ich flott war.* (30) Dafür wusste Lilis Mutter, was sie wollte: Sie erklärte kurzerhand bei einer Abendgesellschaft, dass eine Heirat wegen der Verschiedenheit der Religionen nicht in Frage komme. Und Goethe floh erneut vor Lili, er wollte die Einladung des jungen Karl August nach Weimar annehmen. Als dessen Kutsche nicht pünktlich kam, brach er nach Italien auf, wurde aber in Heidelberg benachrichtigt, dass die verspätete Weimarer Karosse nun in Frankfurt auf ihn warte. Und er kehrte um: *Vor Lili flüchten,* das musste er, *es sei nun nach Süden, wo mir die täglichen Erzählungen meines Vaters den herrlichsten Kunst- und Naturhimmel vorbildeten, oder nach Norden, wo mich ein so bedeutender Kreis vorzüglicher Menschen einlud.* (31) Eine *jugendliche Glücks- und Leidensgeschichte* (32) war seine Liebe zu Lili, gestand Goethe im März 1830 Eckermann: *Sie war in der Tat die erste, die ich tief und wahrhaft liebte. Auch kann ich sagen, dass sie die letzte gewesen.* (33) Dass er die Hindernisse, die die Ehe verhinderten, für nicht unüberwindbar hielt, kann eigentlich nur heißen, dass er wieder mit einer gemeinsamen Flucht nach Amerika, vielleicht auch nach Lateinamerika liebäugelte.

Am 7. November 1775 kam Goethe in Weimar an. In einem Städtchen mit 6000 Einwohnern, in einem Herzogtum mit 80.000 Bürgern. In einer Zwergresidenz ohne standesgemäßes Schloss, die Speisen mussten von der

Hofküche im gegenüberliegenden Haus über die Straße zur Hoftafel gebracht werden. Konnte das gutgehen? Schon nach drei Monaten schrieb er an seinen Freund Merck am 22.1.1776, dass er *das durchaus Scheißige dieser zeitlichen Herrlichkeit* erkenne. (34) Ein Eindruck, der sich nach dem Zauberprogramm seiner ersten italienischen Reise steigerte. Da fühlte er sich in Weimar als *nordischer Bär*, in *ewigem Nebel und Trübe,* (35) wie in Grönland, wie in der Verbannung. Ein Gefühl, das Eckermann nach seiner eigenen Italienreise teilte, ihn schauderte, nach Weimar zurückzukommen: *Ich wäre in der kleinen Stadt, wo einer dem andern auf dem Halse liegt,* schrieb er damals an Goethe, *sogleich wieder von verschiedenen kleinen Verhältnissen hin und her gezerrt, die mich zerstören, ohne mir und andern entschieden zu nutzen. … Denke ich aber daran zurück, so ist es mir, als sähe ich vor den Toren der Stadt einen Engel mit einem feurigen Schwert, um mir den Eingang zu wehren und mich davon hinwegzutreiben.* (36) Ein Empfinden, das später auch Schiller hatte. Für ihn als Weltkind lebten die unerfahrenen Weimarer einfach in viel zu *abgesonderten Schneckenhäusern.* (37) Und der Prinzessin Luise reichte Weimar bereits am Tage nach ihrer Vermählung mit dem Herzog Karl August. Sie beklagte sich brieflich bitter über die Hochzeit bei ihrem russischen Schwager, dem Zaren: Sie danke Gott, dass alles vorüber sei. (38)

Gründe für diese Ablehnung lagen bestimmt auch in der geringen Wirtschaftskraft des Landes, in den schlechten Verkehrsverhältnissen, in der aufgeblähten Regierung und aufwendigen Hofhaltung.

Welche Vorteile Weimars kompensierten diese Nachteile? Ließen das *Scheißige* verblassen, verhinderten die Gefahr des *Eintrocknens und Einfrierens,* (39) die Goethe in Weimar sah, und öffneten die Welt? Zum einen war es der junge Herzog Karl August, der im September 1775 die Regierung übernommen hatte und sich anfangs buchstäblich so benahm, als müsse er das Herzogtum erst erjagen und erstürmen. Mit von der Partie bei diesen wüsten Ritten über Hecken und Gräben war natürlich Goethe, der ganz innig mit dem Herzog verbunden war. *Wir waren oft sehr nahe am Halsbrechen,* (40) meinte er in der Rückschau zu Eckermann. Ausschlaggebender waren natürlich Karl Augusts große Liebe zur Natur, zu fremden Völkern und Ländern, eine Leidenschaft für die Welt, die er mit ihm teilte und die beide ihr Leben lang nicht mehr los wurden. *Herrliche Nacht* (41) notierte Goethe in seinem Tagebuch über seinen Besuch der Herzoginmutter Anna Amalia auf Schloss Ettersburg. Sie war damals sechsunddreißig Jahre jung und immer noch hübsch. Mit Neigungen zum Lebensgenuss: Literatur, Tanzen, Malen, Komponieren, ihr Lesezirkel, das alles war ganz nach ihrem Geschmack, auch nach dem Goethes. Ob die *herrliche Nacht* auch auf ein intimes Verhältnis deutet?

Ihr schöngeistiger Musenhof öffnete die Welt für Weimar. So wie später die reiche Zarentochter Maria Pawlowna, die Schwester des Zaren Alexander I., dessen Blick ja weit nach Lateinamerika reichte und der den Deutschen Georg Heinrich von Langsdorff als seinen Generalkonsul nach Rio de Janeiro schickte und ihn eine große langjährige Expedition durch Brasilien durchführen ließ. Dann waren da Goethes amerikanische Kontakte: Besucher aus Amerika kamen nach Weimar, und Bekannte und Freunde Goethes wanderten nach Amerika aus, wie sein alter Bekannter von der Schweizer Reise Baron von Lindau, dessen mittelloses Patenkind Goethe eine Zeit lang bei sich aufnahm. Ob Frau von Stein ihn ebenfalls an südliche Exotik erinnerte? Jedenfalls bescheinigt ihr Rüdiger Safranski bei ihrer bräunlichen Haut, ihren schwarzen Haaren und ihren dunklen Augen auch südliche Züge. (42) *Goethe und ich werden niemals Freunde,* (43) meinte Frau von Stein noch im März 1776, das Rowdyhafte des jungen Manns und seine Kraftausdrücke stießen sie einfach ab. Dass daraus eine tiefe Freundschaft mit allein 1500 Briefen von Goethe an sie wurde, das ahnte sie damals noch nicht, auch nicht, dass er aufgrund ihrer engen Beziehung glaubte, sie seien einst Mann und Frau gewesen. (44)

So wie Weimar zur Welt führen konnte und gleichzeitig in seiner Kleinstädtigkeit seine Bürger lebendig begrub, führte Goethe hier eine Doppelexistenz: Als geheimer Legationsrat mit Sitz im geheimen Consilium, und das bereits ab Juni 1776, und als Dichter. Ein Balanceakt, den er später in seinem „Tasso" aufgriff, allerdings auf zwei Figuren übertrug: Auf den Dichter Tasso und den Bürokraten Antonio. Eine Versöhnung zwischen den Beiden, die gab es in dem Stück nicht. Bleibt abzuwarten, wie Goethe mit diesem Seilakt fertig wird. Vor allem nach seinen großen Reisen in die Schweiz und nach Italien, nach seinen vielen Gedankenreisen in Richtung Lateinamerika und die Südsee und nach seinen Kontakten mit den berühmtesten Reiseforschern seiner Zeit. Schon jetzt wird deutlich, der bürgerliche Advokat, den man hätte erwarten können, der ist er nie geworden.

„Für Naturen wie die meine … ist eine Reise unschätzbar, sie belebt, berichtigt, belehrt und bildet“ (1)

Goethes eigene Reisen

Die Reise gleicht einem Spiel, es ist immer Gewinn und Verlust dabei, (2) schrieb Goethe am 14. Oktober 1797 an Schiller. Der Gewinn, der war für ihn die Belehrung, und die konnte man besser aus dem Reisen, aus dem Leben ziehen als aus Büchern, aus Worten. (3) Man lernte sich selbst besser zu durchschauen, denn der *Mensch kennt nur sich selbst, wenn er die Welt kennt.* (4) Und dann war da noch die Einsamkeit des Reisenden, die ihm die Konzentration auf das Schreiben leichter machte. Auf der einen Seite, auf der anderen konnte ihn eine Reise auch ablenken, wie er im Februar 1824 Eckermann gestand: *Wen nicht große Zwecke in die Fremde treiben, der bleibt weit glücklicher zu Hause. Die Schweiz machte anfänglich auf mich so großen Eindruck, dass ich dadurch verwirrt und beunruhigt wurde.* (5)

Erkenntnisse des alternden Goethe, der jüngere war da leichtsinniger und wäre 1787 sogar nach Indien aufgebrochen, wenn er noch jünger gewesen wäre. Später liebäugelte er sogar mit einer Auswanderung nach Amerika und Brasilien. (6)

Zunächst ging es aber 1775, 1779 und 1797 in die Schweiz. Und in die Wolken: … *So steh ich jetzt oft in Gefahr, dass sie mich von einer Felsenspitze mitnehmen, wenn sie an mir vorbeiziehen. Welche Begierde fühl ich, mich in den unendlichen Luftraum zu stürzen, über den schauerlichen Abgründen zu schweben …* (7) Die Schweiz animierte ihn immer wieder zu weiterführenden Traumreisen: Als er am Gotthard vom Schnee eingeschlossen wurde, da hatte er *Zeit genug das Merkwürdige dieser Gegend in Gedanken zu durchreisen.* (8) Dass er sich 1820 im neugegründeten boomenden Marienbad wie *in den nordamerikanischen Wäldern, wo man in drei Jahren eine Stadt baut,* (9) fühlte, beweist, wie groß seine Phantasie und Einbildungskraft war. Eine charmante Ausnahme machte er jedoch und beharrte auf der harten Wirklichkeit. Die Peepshow, die er sich in Genf genehmigte, die musste real erlebt werden: *Ich nahm mir fest vor, es koste es was es wolle, ein Mädchen in dem Naturzustande zu sehen, … meinen Augen ein Fest zu geben. … Sie fing an, sich auszukleiden; welch eine wunderliche Empfindung, da ein Stück nach dem anderen herabfiel, und die Natur, von der fremden Hülle entkleidet, … mir einen schauerlichen Eindruck machte … Reizend war sie, indem sie sich entkleidete, schön, herrlich schön, als das letzte*

Gewand fiel, … unbedeckt versuchte sie in verschiedenen Stellungen sich dem Schlafe zu übergeben, … ich konnte nur staunen und bewundern. (10)

Die zweite Schweizer Reise gehörte für Wieland *unter Goethens meisterhafteste Dramata.* (11) Nicht wegen seiner Gedankenreisen oder des perfekten Striptease, sondern wegen des Zusammenbringens seines Herzogs Karl August mit dem Züricher Prediger Lavater. Der hatte eine beruhigende Wirkung auf den damals noch ungestümen Herzog, ließ ihn innere Harmonie finden. Und sein verändertes Verhalten veranlassten dann Wieland in Weimar zu dieser positiven Bewertung. Eine Einschätzung, die sicher anders ausgefallen wäre, wenn sich Wieland daran erinnert hätte, dass sich Goethe bei seiner Rückreise in Stuttgart nicht für den Fall Schubart bei dem württembergischen Herzog eingesetzt hatte: Der Publizist Christian Friedrich Daniel Schubart hatte den Verkauf von Württembergern für Englands Kolonialkriege kritisiert und war prompt im Gefängnis gelandet. Auch seine Abstecher zu seinen alten Lieben, zu Friederike in Sesenheim am 25.9.1779 und zu Lili in Straßburg am Tage darauf, sollten ihn nicht belasten. Im Gegenteil, alte Schuldgefühle hatte er damit abgeschüttelt. Lili hatte *alles was sie brauchte,* und Friederike *betrug sich allerliebst,* Goethe nahm es als Aussöhnung. (12)

Durch die Gelassenheit, womit ich meinen Weg mache, lerne ich, freilich etwas spät, noch reisen, (13) das galt auch für seine dritte Schweizer Reise, die eigentlich bis nach Italien führen sollte, ein Plan, der aber wegen der oberitalienischen Kriegswirren aufgegeben werden musste. Wie man einen Reisebericht angehen sollte, auch das hatte er gelernt: Bei der großen Weltbreite und bei dem ersten notgedrungen einseitigen übereilten Urteil während der Reise legte er nun Akten an, in denen er alle öffentlichen Papiere wie Zeitungsartikel oder Predigten sammelte, was ruhiges Abwägen ermöglichte. (14) Und dazu war er bereit: *Zum Erstaunen bin ich da! … und umzuschaffen das Geschaffene, / damit sich nichts zum Starren waffne, / wirkt ewiges lebendiges Tun.* (15)

Nach Rom, sagte er, nach Rom müssen Sie, um etwas zu werden! Das ist eine Stadt! Das ist ein Leben! Das ist eine Welt! (16) So beschwor der Italienreisende Prof. Göttling im Oktober 1828 Eckermann bei einem Besuch Goethes am Frauenplan. Und der sekundierte dem Professor: *Ja, ich kann sagen, dass ich nur in Rom empfunden habe, was eigentlich ein Mensch sei. … ich bin, mit meinem Zustande in Rom verglichen, eigentlich nachher nie wieder froh geworden.* (17) Starker Tobak, was steckt hinter dieser Rombegeisterung Goethes? Ganz sicher das Leben unter freiem Himmel in südlichem Klima, die Kultur, die Antike, die römische Lebenskunst, die viel mit Eros zu tun hat. Die leicht möglichen Eroberungen der jungen Römerinnen, die als Modelle bei den Malern ihr Geld verdienten, betörten ihn, wenn nur *die französischen Einflüsse nicht auch dieses*

Paradies unsicher machten, (18) beklagte er sich bei seinem Herzog über die grassierende Syphilis. Lebensumstände, die ihn als Künstler wieder erweckten und ihn die Weimarer Zwänge, die mit seinen Ämtern verbunden waren, abschütteln ließen. Symptomatisch, dass er damals den „Tasso“ aufgriff und ihn den *gesteigerten Werther* (19) nannte. Wohl, weil er sich mit dem Poeten Tasso von dem Bürokraten Antonio absetzen wollte.

Inhalieren, einatmen, das wollte er in Italien und besonders in Rom. Jetzt war er dran und wollte lernen, von den Anderen, von der Fremde profitieren. *Ich lasse mir's gefallen als wenn ich hier geboren und erzogen wäre und nun von einer Grönlandfahrt, einem Walfischfange zurückkäme.* (20) Wenn Karl August von diesem Vergleich Weimars mit Grönland gewusst hätte, dann hätte er Goethe, der im Oktober 1786 inkognito als deutscher Maler Johann Philipp Möller in Rom angekommen war, bestimmt sein Gehalt gestrichen. Schiller monierte die herzogliche Bezahlung: *Während er in Italien malt, müssen die Voigte und Schmidts für ihn wie die Lasttiere schwitzen. Er verzehrt in Italien für Nichtstun eine Besoldung von 1800 Thalern, und sie müssen für die Hälfte des Geldes doppelte Lasten tragen.*(21) Auch Frau von Stein war nicht „amused“ über Goethes heimliche Flucht und darüber, dass er sich rund drei Monate nicht bei ihr meldete.

„Das verfluchte zweite Küssen“ nannte Johann Heinrich Wilhelm Tischbein eine kleine Goethe-Karikatur, die ihn dabei erwischt, wie er hektisch ein zweites Kissen von seinem Bett nimmt. Offenbar eine Anspielung auf ein gescheitertes Rendezvous. Die Zeichnung zeigt das bescheidene Zimmer, das Goethe in Rom als Untermieter bei Tischbein anmietete. Aufeinandergestapelte Bücher dienen als Regalfüße, eine Truhe als Schrank, eine eher studentische Atmosphäre geht davon aus. Gerade das Richtige für einen, der ohne Zwänge „einatmen“ will.

Angelika Kaufmann, damals eine der berühmtesten Malerinnen, die *Dichterin mit dem Pinsel,* (22) gab Goethe Zeichenunterricht und malte sein Porträt, das ihm aber nicht ähnlich genug war. Er stellte jedoch fest, dass er kein wirkliches Talent zum Zeichnen und Malen hatte und gab diesen Traum bald auf. (23) Zwei Laufbahnen, darauf konzentrierte er sich nun: Auf die des Schriftstellers und die des Naturforschers.

Auf nach Sizilien, auf der Jagd nach der Ur-Pflanze, ging es im Frühjahr und Frühsommer 1787. Mit dem Schiff von Neapel nach Palermo und dann quer durch die Insel bis Medina. Eine größere Seereise, die Goethe prägte: *Hat man sich nicht ringsum vom Meer umgeben gesehen, so hat man keinen Begriff von Welt und von seinem Verhältnis zur Welt.* Die Reise öffnete seinen Blick auf die Welt, zunächst nach Asien und Afrika, darauf deutete für ihn Sizilien. (24)

Dass er sich auch als Dichter wiedergefunden hatte, zeigt seine Vollendung des „Egmont“, den die Niederländer in ihrem Kampf gegen Spanien zu ihrem

Freiheitshelden gemacht hatten, im September 1887. *Es war eine unsäglich schwere Aufgabe, die ich ohne eine ungemessene Freiheit des Lebens und des Gemüts nie zu Stande gebracht hätte.* (25) Und genau diese Unabhängigkeit hatte er in Italien gefunden, ja mehr noch seine Wiedergeburt als Künstler: *Ich zähle einen zweiten Geburtstag, eine wahre Wiedergeburt von dem Tage, da ich Rom betrat,* schrieb er an Charlotte und an seinen Herzog: *Ich lebe eine neue Jugend.* (26)

Und dann sind da noch die „Römischen Elegien", sozusagen sein Italien-Nachklang, die nach seiner Rückkehr nach Weimar im Frühjahr 1790 fertig wurden. *Und der Barbare beherrscht römischen Busen und Leib* in dieser Liebesgeschichte mit einer attraktiven Römerin. Die wird getröstet, weil sie sich zu schnell hingegeben hat: *Lass dich, Geliebte nicht reun, dass du so schnell dich ergeben …* Das Liebesspiel kann weitergehen: *Und belehr ich mich nicht? wenn ich des lieblichen Busens / Formen spähe, die Hand leite die Hüfte hinab. / Dann versteh ich erst recht den Marmor, ich denk' und vergleiche, / Sehe mit fühlendem Aug', fühle mit sehender Hand.* (27) Wer hinter der Geliebten stand, das wollte nicht nur der bayrische König nach der Veröffentlichung in Schillers „Horen" wissen, (28) sondern natürlich vor allem die Weimarer Gesellschaft. War es nicht doch Christiane, der Goethe *des Hexameters Maß, leise mit fingernder Hand, / Ihr auf den Rücken gezählt* ? Das war Herder alles zu drastisch, für ihn waren die „Horen" zu „Huren" geworden. Dabei kannte er doch gar nicht die beiden Elegien, die Goethe wohlweislich weggelassen hatte. Die eine schildert eine pralle Liebesszene: *Uns ergötzen die Freuden des echten nackenden Amors / Und des geschaukelten Betts lieblich knarrender Ton.* (29) Die andere spielt mit den Ängsten, die sich um die Syphilis ranken.

Schon sehe ich, was mir die Reise genützt, wie sie mich aufgeklärt und meine Existenz erheitert hat, (30) schrieb Goethe noch aus Italien mit der Bitte an seinen Herzog, ihm die täglichen Pflichten weitgehend zu erlassen und ihm mehr Raum für seine Schriftstellerei zu geben. Dass Karl August diesen Wunsch akzeptierte, sogar sein Gehalt erhöhte, trug wesentlich zu der künstlerischen Wiedergeburt Goethes bei. Ja mehr noch, hielt ihn in Weimar fest.

Aber ich bin immer gerne nach Weimar zurückgekehrt, (31) vertraute Goethe Eckermann im September 1823 an und überredete ihn, sich auch dort niederzulassen: *Es gehen von dort die Tore und Straßen nach allen Enden der Welt,* und die Weimarer Gesellschaft habe durchaus großstädtisches Niveau. (32) Dass pausenlos zahlreiche internationale Besucher zu ihm nach Weimar strömten, ist bekannt, aber welche weiteren Gründe sprachen für Weimar?

Da ist einmal Christiane Vulpius, die dreiundzwanzigjährige junge Frau, die er wenige Wochen nach seiner Rückkehr aus Italien im Juli 1788 kennenlernte. Ob er nicht ihrem Bruder, einem Juristen, zu einer Stelle verhelfen könne? Das war schwierig, leichter war, die attraktive Christiane zu seiner Geliebten zu machen. Er zeichnete sie mehrfach, ihre rundlichen Formen und ihren Lockenkopf. Wahrscheinlich ist sie auch in dem Gedicht „ Eroticon" gemeint, vielleicht ebenso in den „Römischen Elegien": *Einst erschien sie auch mir, ein bräunliches Mädchen, die Haare / fielen ihr dunkel und reich über die Stirn herab: / Kurze Locken ringelten sich ums zierliche Hälschen, / Ungeflochtenes Haar krauste vom Scheitel sich auf.* (33) Für die Weimarer Gesellschaft war diese unstandesgemäße Liaison ein Skandal. Besonders für Frau von Stein, für die Goethe seit Italien zu viel Wert auf körperliche Reize legte und für Herzogin Luise, die es ganz einfach leid war, dass Goethe *ihr sein Kind alle Tage vor der Nase herumtragen lasse.* (34) Da reagierte Goethes Mutter ganz anders, die Christiane freundschaftlich *Bettschatz* nannte. Dass sie bei Hof nie eingeladen wurde, wundert nicht.

Ein *unreifes Talent,* das war Schiller für Goethe bei ihrem Kennenlernen im September 1788. Und Schiller betrachtete Goethe *wie eine stolze Prüde, der man ein Kind machen muss, um sie vor der Welt zu demütigen.* (35) Ein misslungener Start für eine Freundschaft, die später nicht enger werden konnte: *Ein Glück für mich war es indes,* erklärte Goethe Eckermann im Oktober 1827, *dass ich Schillern hatte. Denn so verschieden unsere beiderseitigen Naturen auch waren, so gingen doch unsere Richtungen auf Eins, welches denn unser Verhältnis so innig machte, dass im Grunde keiner ohne den anderen leben konnte.* (36) Erstaunlich ist es schon, wie aus den Konkurrenten „beste Freunde" werden konnten, denn die Unterschiede waren immens: In der Natureinschätzung, die für Schiller ein Feind und für Goethe eine große Mutter war, in der Kunst, die für Schiller ein Spielfeld für die Revolution und für Goethe ein Rückzugsraum gegen sie war oder in dem induktiven Vorgehen Goethes und dem deduktiven Schillers. Kurzum, es standen sich der Gefühls- und Begriffsmensch gegenüber. Und doch spielte Goethe nach Einschätzung von August Wilhelm Schlegel für Schiller die Rolle *eines zärtlichen Ehemannes für seine nervenschwache Frau.* (37) *Ich dachte mich selbst zu verlieren, und verliere nun einen Freund und in Demselben die Hälfte meines Daseins,* (38) das schrieb Goethe an seinen Freund Zelter nach Schillers Tod.

Ein weiterer Haltegrund war sicherlich die Übernahme der Intendanz des Weimarer Hoftheaters zu Beginn der neunziger Jahre. Besonders anfangs stand das Theater hoch bei Goethe im Kurs. Sicher auch wegen der verführerischen jungen Schauspielerinnen, zu denen er sich *leidenschaftlich hingezogen* (39) fühlte. Er spielte in seiner „Iphigenie" den Orest, mit der von ihm in seinen Theaterregeln vorgeschriebenen Hand- und Fingerhaltung: Mittel- und Ringfinger werden gestreckt, die übrigen Finger leicht nach innen gekrümmt. Der Ellbogen liegt an der Hüfte an, und der Arm zeigt nach oben. Eine Haltung, die man noch heute in dem Bild von Georg Melchior Kraus in der ständigen Ausstellung des Goethe-Museums in Weimar bewundern kann und die später Julia Mann, die brasilianische Mutter von Heinrich und Thomas Mann, ihrem Ältesten für Fotoaufnahmen empfohlen hat. (40) Die Aufführung kam so gut an, dass ein Zuschauer *glaubte, einen Apollo zu sehen. Noch nie erblickte man eine solche Vereinigung physischer und geistiger Vollkommenheit und Schönheit in einem Manne, als damals in Goethe.* (41) Die beiden „besten Freunde" Goethe und Schiller entwickelten dann auch zusammen die Weimarer Theaterreform, zu der maßgeblich die Verwendung von Rhythmus und Reim in den Stücken gehörten, Realismus sollte eben nicht vorgegaukelt werden. *Ich hatte wirklich einmal den Wahn, als sei es möglich, ein deutsches Theater zu bilden ... Ich schrieb meine „Iphigenie" und meinen „Tasso" und dachte in kindlicher Hoffnung, so würde es gehen.* (42) Dass es nicht so ging, das habe vor allem an den vielen ungeeigneten Schauspielern und an dem unsensiblen Publikum gelegen, erklärte er weiter Eckermann im März 1825. Auch an dem Fehlen geeigneter Stücke besonders von jungen Dramatikern. (43) Ein großes Problem habe in der mangelhaften Aussprache vieler Akteure gelegen, darin waren sich Goethe und Eckermann einig und führten, ohne es zu wollen, in ihrem Gespräch einen kleinen Theater-Sketch auf: Dem überführten untreuen Liebhaber werden rasende Vorwürfe gemacht. Als er es nicht mehr aushalten kann, will er *O Ende!* schreien, tatsächlich aber ruft er *O Ente!* Einfach, weil er das T nicht vom D unterscheiden kann. Goethe fuhr dann fort: Ich habe *nicht selten statt Küstenbewohner – Kistenbewohner, statt Türstück – Tierstück, statt gründlich – grindlich, statt Trübe – Triebe, statt ihr müßt – ihr mißt vernehmen müssen, nicht ohne Anwallung von einigem Lachen.* (44)

Sei vergnügt, mein liebes Kind, genieße der Ruhe, indes viele tausend Menschen von Haus und Hof und allen ihren Gütern vertrieben in der Welt herumirren und nicht wissen wohin. Küsse den Kleinen und liebe mich. Mein einziger Wunsch ist, dich bald wieder zu besitzen. (45) So kündigte Goethe seiner Christiane seine Rückkehr aus dem ersten Krieg Preußen-Österreichs gegen Frankreich Ende 1792 an. Eine Heimkehr buchstäblich aus einem Schlamm- und Regendrama. Herzog Karl August hatte als Generalmajor eine preußische Truppe geführt und Goethe um Begleitung gebeten. Der hatte damit gerechnet, bald in Paris einzumarschieren. Doch die Preußen und Österreicher blieben buchstäblich im Lehm und Matsch stecken. Es gab kein Durchkommen und die Truppen mussten unter ständigem französischem Feuer den Rückzug antreten: *Wir haben in diesen sechs Wochen mehr Mühseligkeit, Not, Sorge, Elend, Gefahr ausgestanden und gesehen als in unserem ganzen Leben,* (46) kommentierte Goethe. Zurück in Weimar versuchte er, sich ganz nach dem Gelübte zu richten, dass er während der chaotischen Schlammschlacht abgelegt hatte: *Man solle, wenn ich uns erlöst und mich wieder zu Hause sähe, von mir niemals wieder einen Klagelaut vernehmen über den meine freiere Zimmeraussicht beschränkenden Nachbargiebel, den ich jetzt vielmehr recht sehnlich zu erblicken wünsche.* (47)

Doch wieder kam es anders: Er musste seinen Herzog noch einmal von Mai bis August 1793 zu der Belagerung und Einnahme von Mainz begleiten. Die Mainzer Republik, die im Fieber der Französischen Revolution ausgerufen worden war, musste wieder beseitigt werden. Glücklicherweise war der Reiseforscher und Weltumsegler Georg Forster, den Goethe mehrfach getroffen und noch während des Rückzugs Ende 1792 in Mainz besucht hatte, bereits in Paris, um über die Aufnahme von Mainz in die französische Republik zu verhandeln. Die Progrome und Lynchangriffe gegen die Mainzer Republikaner bedrohten ihn also nicht. Aber Goethe: Der litt so stark darunter, dass er erneut eine für sein weiteres Leben entscheidende Konsequenz zog, die er treffend in seiner „Campagne in Frankreich" beschrieb: *Aber auch aus diesem gräßlichen Unheil suchte ich mich zu retten, indem ich die ganze Welt für nichtswürdig erklärte.* (48) Der Vierundvierzigjährige zog einen Kreis um sich, baute die ihn umgebende Mauer höher und schirmte sich gegen die Welt ab: *Mein herumschweifendes Leben und die politische Stimmung aller Menschen treibt mich nach Hause, wo ich einen Kreis um mich ziehen kann, in welchem außer Lieb und Freundschaft, Kunst und Wissenschaft nichts herein kann,* (49) schrieb er damals an Jacobi. Große Reisen, die waren vorbei. Nur Badekuren in nahegelegene Kurorte und kleinere Fahrten an Main und Rhein traute er sich noch zu.

Für seine Weltflucht gab es auch ganz praktische Gründe. Reisen war damals ein halsbrecherisches Unternehmen, schon auf seiner Fahrt nach Leipzig im Spätsommer 1765 hatten ihm die schlechten Wege einen Streich gespielt. Auf seiner Tour Richtung Rhein im Juli 1816 erlitt er nach nur zwei Stunden einen Achsenbruch. Der Wagen stürzte um, sein Freund Meyer wurde verletzt, und Goethe kehrte nach Weimar zurück. Und eine Art Jetlag spielte auch schon damals eine Rolle, wie Schiller im Juni 1799 erschöpft an Goethe schrieb: *Wir sind neulich zwar ganz gut nach Hause gekommen, aber ich machte doch die Erfahrung, dass eine achtstündige Erschütterung im Wagen und gesellschaftliche Unruhe, in den Zeitraum von einem Dreiviertelstag gedrängt, eine zu gewaltsame Veränderung für mich ist, denn ich brauchte zwei Tage, um mich ganz davon zu erholen.* (50) Schillers innere Biouhr war selbst ohne Zeitverschiebung aus dem Takt geraten. Das kam Goethe auch, aber er durch Rheinschnaken. Die belästigten ihn und Friederike so stark, dass sie ihn *von dem Gedanken abbringen könnten, als habe ein guter und weiser Gott die Welt erschaffen.* (51) Eine Erfahrung, die sämtliche lateinamerikanische Reiseforscher, die Goethe traf, auf

Grund ihrer erlittenen Moskitoangriffe teilten. Abgesehen von Reisekrankheiten und Verdauungsproblemen kam noch etwas Wesentliches hinzu: Die Ausgrenzung des Rückkehrers. Seine Erfahrungen in der Fremde machten ihn in den Augen der Bleiber verdächtig, ganz nach dem Motto Ottilies, dass niemand ungestraft unter Palmen wandele. *Im ganzen,* schrieb Karoline Herder über Goethe, *will es mir nicht wohl mit ihm werden. .... Die Stein meint, er sei sinnlich geworden, und sie hat nicht ganz unrecht.* (52)

Goethe igelte sich also ein und genoss sein Familienleben mit Christiane. Häusliches Glück, das er treffend in seiner „Natürlichen Tochter" beschrieben hat: *Im Hause, wo der Gatte sicher waltet, / Da wohnt allein der Friede, den, vergebens, / Im Weiten, du, da draußen suchen magst. / Unruh'ge Missgunst, grimmige Verleumdung, / Verhallendes parteiisches Bestreben, / Nicht wirken sie auf diesen heiligen Kreis!* (53) Damit konnte er aber Madame de Stael überhaupt nicht überzeugen, die im April 1803 die Aufführung der „Natürlichen Tochter" schlicht und einfach langweilig fand. Auch seine Kritiker nicht, die jungen Literaten, die in ihm einen Egoisten und Knecht seines Fürsten sahen. Ebenso viel später Karl Jaspers nicht, der ihm nach dem Zweiten Weltkrieg trotz der damaligen Goethe-Renaissance Weltflucht vorwarf. (54)

Die katastrophale Niederlage der Preußen bei Jena und Auerstedt am 14. Oktober 1806 und die Plünderung Weimars banden Goethe noch fester an Christiane: Hatte sie ihn doch vor den betrunkenen und randalierenden französischen Besatzern gerettet, die mitten in der Nacht in sein Schlafzimmer eindrangen. Ihr Geschrei und das Eingreifen einiger beherzter Weimarianer hatten die Franzosen wieder zur Raison gebracht. Die „Allgemeine Zeitung" kommentierte seine Eheschließung mit Christiane am 24. November 1806 boshaft: *Goethe ließ sich unter dem Kanonendonner der Schlacht mit seiner vieljährigen Haushälterin, Demoiselle Vulpius, trauen, und so zog sie allein einen Treffer, während viele tausend Nieten fielen.* (55)

Eine reale Flucht in die weite Welt, die war jetzt ausgeschlossen und auch nicht mehr notwendig. Was blieb? Seine Gedankenreisen, zu denen ihn die vielen Reiseforscher, die Weimar besuchten, anregten, seine Dichtungen wie der „West-östliche Divan", der wiederum mit einer Liebesgeschichte verbunden war, der aber vor allem auf ihn wie eine *Reise* wirkte: *Lasst mich nur auf meinem Sattel gelten! / Bleibt in euren Hütten, euren Zelten! / Und ich reite froh in alle Ferne, / Über meiner Mütze nur die Sterne.* (56) Ein Reisender freilich für uns in der falschen, in der Ostrichtung. Seine literarischen Westreisen werden in dem sechsten Kapitel vorgestellt. Der Orient hatte es ihm aber auch angetan. Bereits im Mai 1814 hatte er den „Divan" des persischen Dichters Hafis erhalten, der ihn zu seinem eigenen Divan-Zyklus anregte, der zu seiner wichtigsten großen

Gedichtsammlung wurde. Animiert wurde er unter anderem aber auch von einer neuen Liebesgeschichte, die im Herbst 1814 in der Frankfurter Gerbermühle begann: Die schwarzhaarige Marianne Jung war neunundzwanzig Jahre alt, als er sie kennenlernte. Mit einer Herkunft, die fast so mysteriös wie die der Mignon aus dem „Wilhelm Meister" war. Auch sie konnte betörend singen und sogar wunderbar auf der Gitarre improvisieren. Mehr noch, sie antwortete mit eigenen Versen auf Goethes Gedichte: Das „Buch Suleika" entstand als lyrischer Dialog zwischen den Beiden: *Aber dass du, die so lange mir erharrt war, / Feurige Jugendblicke mir schickst, / Jetzt mich liebst, mich später beglückst, / Das sollen meine Lieder preisen / Sollst mir ewig Suleika heißen. / Da du nun Suleika heißest / Sollt ich auch benamset sein, / Wenn du deinen Geliebten preisest, / Hatem", das soll der Name sein.* (57) Kurz, der reisende Hatem flüchtete *aus der wirklichen Welt, die sich offenbar und im Stillen bedrohte, in eine ideelle.* (58) Und ausbrechen, das konnte Goethe auch mit Eckermann, in den langen Gesprächen, die er mit ihm über seine Vergangenheit und seine Lebens- und Kunstauffassungen ab Juni 1823 bis zu seinem Tod führte.

Der Tod, der besuchte den alternden Goethe immer öfter in Weimar: Auf Schillers Tod im Mai 1805 folgten im Juni 1816 seine Frau Christiane, im Januar 1827 Frau von Stein, im Juni 1828 sein Herzog Karl August, im November 1830 schließlich sein Sohn August. Nackenschläge, die den *Zauberer, den Hexenmeister und Geisterkönig,* so sah ihn Wieland in seinem Gedicht „An Psychen", (59) wieder in seine Traumwelten flüchten ließen.

Ambivalent waren Goethes Reiselust und sein fast benediktinisches „Bleibeverhalten". Seine eigenen Reisen animierten ihn zu weiterführenden Gedankenreisen, belebten und belehrten ihn. Er atmete dabei tief ein und sog das Neue auf. Das Ergebnis war ein Künstler, der wiedergeboren wurde und zu seiner Produktivität zurückfand, wie die Beispiele des „Egmont" und der „Römischen Elegien" gezeigt haben. Andererseits gab es gute Gründe, nach Weimar zurückzukehren und dort zu bleiben: Die günstige Stellung bei Karl August, seine Position als angehimmelter *Zauberer*, sein *Bettschatz* Christiane, die Freundschaft mit Schiller, zumindest zeitweise die Theaterdirektion und die Kriegserinnerungen, die ihn sein Haus hochschätzen ließen. Und diese erstarkte Bindung zu Weimar, die konnte er sich einfach leisten: Er hatte durch seine Reisen zu sich selbst gefunden, war weitgehend von seinem bürokratischen Pflichtprogramm entlastet worden und konnte auf seine Gedankenreisen und die vielen Reiseforscher, die ihn besuchten, bauen. Diese werden wir in den nächsten Kapiteln kennenlernen.

„Alle Reisebeschreibungen sind mir, als wenn ich in meine flache Hand sähe“ (1)

Goethes Gedankenreisen

Goethe brach immer wieder aus der Realität aus. Die Gegenwart hatte ihm einfach zu viel *Beengendes, Beschränkendes, oft Verletzendes,* (2) wie er Zelter schrieb. Da konnte ruhig Moskau abbrennen, was kümmerte es ihn? (3) Neben Lebensabrissen und Reiseberichten war es die Poesie, die ihn *von den irdischen Lasten zu befreien* wusste: *Wie ein Luftballon hebt sie uns mit dem Ballast, der uns anhängt, in höhere Regionen, und läßt die verwirrten Irrgänge der Erde in Vogelperspektive verwickelt vor uns daliegen.* (4) Gegenüber Charlotte von Stein verwendete er ein noch poetischeres Bild: *Und wenn ich denke, ich sitze auf meinem Klepper und reite meine pflichtmäßige Station ab, auf einmal kriegt die Mähre unter mir eine herrliche Gestalt, unbezwingliche Lust und Flügel und geht mit mir davon.* (5) Mut und Entschlossenheit zum Traum und zu Phantasiereisen durften dabei keineswegs fehlen. Sonst versinke man wie Petrus im Meer, als er dem auf den Wellen wandelnden Jesus begegnete und ihn seine Courage verließ. So jedenfalls erklärte Goethe die Legende Eckermann im Februar 1831. (6) Dass er auch mit achtzig Jahren täglich Neues denken wollte, (7) das unterstützte seine virtuellen Reisen ebenso wie die große Liebe zur Ethnologie und zu fernen Ländern, die er mit seinem Herzog teilte. Und zur Natur: *Es geht doch nichts über die Freude, die uns das Studium der Natur gewährt, ... Und gerade, dass sie am Ende doch unergründlich bleibt, hat für uns einen ewigen Reiz, immer wieder zu ihr heranzugehen und immer wieder neue Einblicke und neue Entdeckungen zu versuchen,* meinte er im Juli 1831 zu Eckermann. Sie erweise sich *wie ein junges neckisches Mädchen, das uns durch tausend Reize anlockt, aber in dem Augenblick, wo wir es zu fassen und zu besitzen glauben, unseren Armen entschlüpft.* (8)

Reizvolle Stimuli für seine Traumreisen gab es also mehr als genug. Und diese Fahrten in die Ferne, die waren auch unbedingt nötig. Unerlässlich einmal, um die politisch verstandenen *grauen Nebeltage der Gegenwart* (9) zu vergessen und zum Anderen, um die in Deutschland herrschende Intoleranz zu verlernen. Denn *käme* ein zweiter Erlöser, die Deutschen würden ihn *zum zweiten Male kreuzigen,* (10) davon war Goethe ganz überzeugt.

„Weltoffen kommt weiter“, das könnte der Werbeslogan für Goethes Einstellung sein. Anlässe, die ihn dazu anfeuerten, die gab es mehr als genug. Da war einmal die Welt, die zu ihm kam, Politiker, Fürsten, der bayrische König,

Wissenschaftler und Künstler wie Heinrich Heine oder die Pianistin Maria Szymanowska, aber vor allem die berühmtesten Reiseforscher seiner Zeit. Bei seinem hohen Ansehen war das wirklich kein Wunder. Bereits 1782 hatte Goethe praktisch alles erreicht: Er war geadelt und Geheimer Rat, zuständig für das Militär, den Straßen- und Bergbau, die Finanzen und die Zeichenakademie, später auch für das Hoftheater. Nach dem Wiener Kongress, da ging es noch weiter nach oben: Er wurde Staatsminister des Großherzogtums und Karl August „Königliche Hoheit". *Voilà un homme* hatte Napoleon bewundernd über ihn nach ihrem Treffen auf dem Weimarer Fürstenkongress Ende September, Anfang Oktober 1808 gesagt und ihm den Orden der Ehrenlegion verliehen. Sein guter Ruf zog die Besucher aus dem In- und Ausland an. Da konnten seine Kritiker zetern solange sie wollten. Allen voran der Literaturkritiker Ludwig Börne (1786–1837) in seinen Briefen aus Paris (11) oder Heinrich Laube (1806–1884), der Direktor des Burgtheaters, der ihm seine Napoleon-Verehrung ankreidete. (12) Dass er denen *ein Dorn im Auge* war, darüber war sich Goethe völlig im Klaren: *Sie wären mich alle sehr gerne los; und da man nun an meinem Talent nicht rühren kann, so will man an meinen Charakter. Bald soll ich stolz sein, bald egoistisch, bald voller Neid gegen junge Talente, bald in Sinnenlust versunken, bald ohne Chirstentum, und nun endlich gar ohne Liebe zu meinem Vaterlande und meinen lieben Deutschen.* (13) Die Patrioten hatten wohl Goethes Seitenwechsel übersehen, schließlich hatte er ja auf Bitten Ifflands für die Triumph-Feiern über Napoleon ein Stück verfasst, „Des Epimenides Erwachen", das allerdings erst zum Jahrestag des Einmarsches in Paris im März 1815 aufgeführt und kein Erfolgsschlager wurde.

Der Schuster bleibe bei seinem Leisten, (14), das war Goethes Vorstellung auch für Gelehrte. Das taten die meisten deutschen Professoren aber damals nicht, und die waren ihm dann auch unwillkommen. Sie trieben *viel zu viel und gar zu viel Unnützes. Auch dehnen die einzelnen Lehrer ihre Fächer zu weit aus. … Wer klug ist, … beschränkt sich auf ‚ein' Fach und wird tüchtig in ‚einem'.* (15) Und genau das passierte nach seiner Meinung nicht, im Gegenteil: *Solche Leute gehen im Irrtum fort, weil sie ihm ihre Existenz verdanken. Sie müssten umlernen, und das wäre eine sehr unbequeme Sache.* (16) Ein Urteil, das vor allem für Naturforscher galt. (17) Eine Überzeugung, die Goethe aus seiner priviligierten und elitären Stellung so begründete: *Es ist nicht genug, dass man Talent habe, es gehört mehr dazu, um gescheit zu werden; man muss auch in großen Verhältnissen leben und Gelegenheit haben, den spielenden Figuren der Zeit in die Karten zu sehen und selber zu Gewinn und Verlust mitzuspielen.* (18)

Und genau diese großen Figuren kamen nicht nur zu Goethe, sondern waren schon da und lebten zusammen mit ihm in Weimar. Vergessen wir nicht Anna

Amalia, die Herzoginmutter, die für Goethe *Italien jetzt noch in Germanien* geschaffen hatte, (19) Karl August, für ihn ein Modellfürst, der nur für sein Land lebte, (20) und seinen vielversprechenden herzensguten Sohn Karl Friederich mit seiner Frau Maria Pawlowna, die *von jeher für das Land ein guter Engel gewesen.* (21) Oder Charlotte von Stein, Friedrich Wilhelm Riemer, den ehemaligen Hauslehrer bei Wilhelm von Humboldt in Rom und bei Goethe in Weimar, der dort später als Bibliothekar arbeitete, Johann Heinrich Meyer, den Schweizer Maler und Kunsthistoriker, ab 1807 Professor an der Weimarer Zeichenschule sowie Kanzler Friedrich von Müller, um nur einige zu nennen.

Goethes Horchposten im Ausland, seine Spione, versorgten ihn ebenfalls mit Informationen aus der politischen und kulturellen Welt. Zum Beispiel Graf Karl Friedrich Reinhard (1761–1837), ein Deutscher im diplomatischen Dienst Frankreichs, Gesandter beim Deutschen Bundestag in Frankfurt und später in Dresden, der auch häufig in Paris lebte, *konnte manche erwünschte Auskunft über bekannte Staatsmänner, Literatoren und Poeten geben.* (22) Er war es auch, der Goethe noch einmal über die positive Einschätzung Napoleons über ihn - *Voilà un homme* - informierte und ihn bei seinem langen und schwierigen Kampf um seine Urheberrechte unterstützte. Reinhard schrieb damals selbst an Metternich, um ihn gegen die Raubdrucker zu schützen. Mit Erfolg: Goethe wurde in Deutschland der erste Schriftsteller, dessen Werke urheberrechtlich geschützt wurden.

Dann war da sein Berliner Außenposten: Karl Friedrich Zelter, den er als gleichzeitig *derb* und *zart* beschrieb. Nach außen wirke er leicht *roh*, das sei aber kein Wunder bei einem Berliner, die eben *Haare auf den Zähnen haben (müssten), um sich über Wasser zu halten.* (23) Er war ein vitaler Tausendsassa: Bauunternehmer, Mitglied der Stadtregierung, Komponist und Mitbegründer der Berliner Singakademie. Er war bekannt durch seine Chor- und Liederkompositionen und hatte auch einige Goethe-Lieder vertont: *Wenn meine Lieder Sie zu Melodien veranlassten, so kann ich wohl sagen, dass Ihre Melodien mich zu manchem Liede aufgeweckt haben,* (24) schrieb er in einem seiner vielen Briefe an Zelter, der ihn zuverlässig auch mit Berliner Nachrichten aus Kultur und Politik „aufweckte". Die Beiden wurden sehr gute Freunde, duzten sich und öffneten sich gegenseitig: Auf seine Klage über die oberflächliche Schnelllebigkeit der Zeit fügte Goethe in seinem Brief vom 6. Juni 1825 hinzu: *Lass uns soviel als möglich an der Gesinnung halten, in der wir herkamen, wir werden, mit vielleicht noch Wenigen, die Letzten einer Epoche, die sobald nicht wiederkehrt.* (25)

Ein ganz wichtiger Kontakt war für Goethe Wilhelm von Humboldt, der ihm zunächst vier Jahre aus Paris, zeitweilig auch aus Spanien, berichtete und danach ab 1802 für sechs Jahre als preußischer Gesandter beim Heiligen Stuhl aus Rom.

Sein offenes römisches Haus besuchten bekannte Persönlichkeiten wie der bayrische Kronprinz, der spätere König Ludwig I. von Bayern, Karl Friedrich Schinkel oder August von Schlegel. Auch sein damals bereits als Reiseforscher weltberühmter Bruder Alexander besuchte ihn im Jahr 1805 für rund drei Monate. Neuigkeiten, die gab es in Fülle und konnten an Goethe weitergeleitet werden. Auch später vom Wiener Kongress und den Verhandlungen zum Deutschen Bund, an denen Wilhelm von Humboldt teilnahm. Goethe schätzte ihn aber auch wegen seines zweiten Treffens mit Schiller, das im Sommer 1794 bei den Humboldts in Jena stattfand, ein Zusammensein, mit dem die Freundschaft Goethes und Schillers begann. Wie eng die Verbindung mit Wilhelm von Humboldt wurde, zeigt Goethes letzter Brief an ihn fünf Tage vor seinem Tod im März 1832: Warum er seinen Faust nicht mehr zu seinen Lebzeiten veröffentlichen wollte, das begründete er darin: *Der Tag aber ist wirklich so absurd und konfus, dass ich mich überzeuge, meine redlichen, lange verfolgten Bemühungen um dieses seltsame Gebräu würden schlecht belohnt und an den Strand getrieben, wie ein Wrack in Trümmern daliegen und von dem Dünenschutt der Stunden zunächst überschüttet werden. Verwirrende Lehre zu verwirrtem Handel waltet über die Welt.* (26)

Und Bettina von Brentano schickte Goethe Berichte aus Frankfurt, allerdings vor allem über seine Kindheit. Bettina war die Tochter von Maximiliane, die er auf seiner Rückreise von Wetzlar nach Frankfurt schätzen gelernt und deren glutvolle dunkle Augen er auf Lotte in seinem „Werther“ übertragen hatte. Bettina traf Goethes Mutter und ließ sich seine Kindheitserlebnisse erzählen. Die gingen dann an Goethe, der sie für seine „Dichtung und Wahrheit“ benutzte. Ihre Briefe beflügelten auch teilweise seine Sonette. (27) Sie himmelte ihn an, Goethe blieb kühler und ließ die Verbindung später einschlafen. Dass Bettina seine Christiane bei einem Streit als *Dicke Blutwurst* beschimpft hatte, das konnte er ihr wohl nicht verzeihen.

Große Freude, die hatte Goethe wirklich *an Porträten, Bekenntnissen, Memoiren, Briefen und Anekdoten abgeschiedner selbst unbedeutender Menschen.* Der Grund war für ihn einfach: *man lebt mit Lebendigen.* (28) Immer wieder griff er zu Biografien, so z.B. zu den Memoiren von St. Simon, einem französischen Schriftsteller (1675–1755), (29) oder zu den „Mémoires sur la vie de Napoléon“ von M. Fleury de Chaboulon. (30) Am liebsten aber zu den berühmten Reisebeschreibungen der Neuen Welt, z.B. von Georg Forster, Alexander von Humboldt oder des Prinzen Wied zu Neuwied, Forscher und Reiseberichte, auf die noch näher eingegangen wird. *Alle Reisebeschreibungen sind mir,* schrieb er an Schiller, *als wenn ich in meine Hand sähe.* (31) Wie Ottilie in seinen „Wahlverwandtschaften“ wird er mit diesen Büchern seine Gedankenreisen unternommen haben: *Auch auf dem Boden mochte sie nicht verweilen. Sie sprang in den Kahn und ruderte sich bis mitten auf den See. Dann zog sie eine Reisebeschreibung hervor, ließ sich von den bewegten Wellen schaukeln, las, träumte sich in die Fremde.* (32) Natürlich griff er auch häufig zu Geschichtswerken über Latein- und Nordamerika, wie z.B. zur amerikanischen Geschichte, (33) zu Wardens „Beschreibung der Vereinigten Staaten", (34) und zur Geschichte von Mexiko. (35) Aber auch zur russischen Geschichte (36) oder zur Geschichte von Portugal und Spanien. (37)

Seine Münzsammlung regte ihn an, heiterte ihn auf und konnte ihn selbst nach kaum überstandenen Krankheiten entzücken, sie bot ihm *eine angenehme Unterhaltung.* (38) Übrigens auch seinen Gästen: *Heute Abend war Johannes von Müller bei mir und hatte große Freude an meinen Münzschubladen.* (39) Dass sie auch brasilianische Münzen enthielt, (40) lässt vermuten, dass seine von den Geldstücken ausgehenden Träume bis nach Brasilien gingen. Zusätzlich wurden sie von den Verzauberungen durch die Musik unterstützt und auch inspiriert. *Da fühlte sich - o dass es ewig bliebe - / das Doppelglück der Töne wie der Liebe.* (41) Verse aus seiner „Trilogie der Leidenschaft", dessen drittes Gedicht er der damals berühmten Pianistin Maria Szymanowska gewidmet hatte. Eine Musikerin, die er in Marienbad kennengelernt und die ihn im Oktober 1823 in Weimar aufgesucht hatte.

Alle Winkel der Neuen Welt, den Ozean und Indien will Christopher Marlowes Faust plündern. (42) Eine Kraft ging von ihm aus, die sich auf Goethe übertrug, (43) ihm einen Anstoß in Richtung Weltliteratur gab. Nur so, meinte er zu Eckermann, ließe sich Pedanterie vermeiden: *Ich sehe mich daher gerne bei fremden Nationen um und rate jedem, es auch seinerseits zu tun. Nationalliteratur will jetzt nicht viel sagen, die Epoche der Weltliteratur ist an der Zeit, und jeder muss jetzt dazu wirken, diese Epoche zu beschleunigen.* (44) Die indische Poesie, die nahm er beispielsweise tief in sich auf, als sich die Gelegenheit bot. (45) Und die Pariser Zeitung „Globe" und ihre Mitarbeiter, *Leute von Welt,* waren ihm mit ihrer feinen Kritik unentbehrlich, *wogegen aber die deutschen Gelehrten immer glauben, dass sie den sogleich hassen müssen, der nicht so denkt wie sie.* (46)

Dass Goethe auch vom Panamakanal schwärmte und sich darüber mit Alexander von Humboldt und im Februar 1827 mit Eckermann beriet, versteht sich bei seinem Hang zur Weltweite eigentlich von selbst. Wenn er die wunderbare Geschichte von Janosch, der seinen kleinen Bären und den kleinen Tiger nach Panama reisen lässt, und die immer schon wussten, wie traumhaft es dort ist, gekannt hätte, dann wäre seine Begeisterung sicher noch gewachsen. Auch hätte ihn bestimmt gefreut, dass ganze Schulklassen den Panamakanal als siebtes Weltwunder definiert haben und dass nach einer Gallup-Umfrage aus dem Jahre 2012 die glücklichsten Menschen in Panama leben sollen.

Und Goethe, der wollte den Durchstich durch den mittelamerikanischen Isthmus selbst unbedingt sehen und erfahren: *Dieses möchte ich erleben, aber ich werde es nicht*, meinte er im Februar 1827 zu Eckermann. Und weiter: *Zweitens möchte ich erleben, eine Verbindung der Donau mit dem Rhein hergestellt zu sehen. .... Und endlich drittens möchte ich die Engländer im Besitz eines Kanals von Suez sehen. Diese drei großen Dinge möchte ich erleben, und es wäre wohl der Mühe wert, ihnen zuliebe es noch einige fünfzig Jahre auszuhalten.* (47) Dass er genau 87 Jahre bis zur Durchfahrt der „Ancona" im August 1914 hätte warten müssen, dass hat er sich sicher nicht vorgestellt. Auch nicht, dass heute pro Jahr rund 14.000 Schiffe den Kanal mit bis zu 4600 Standard-Containern benutzen und dabei etwa 1,73 Milliarden US Dollar Nutzungsgebühr zahlen. Nach Abschluss der laufenden Kanalerweiterung können Frachter mit 15.000 Containern die Wasserstraße passieren. Die Investitionen lohnen sich, verkürzt sich doch die Strecke von New York nach San Francisco von 25.000 km auf rund 10.000 km. Die nach Goethe langweilige, widerwärtige und kostspielige Fahrt um das Kap Horn ist damit vermeidbar. Der Kanalausbau begann 1881. In kürzester Zeit starben rund 22.000 Arbeiter an Gelbfieber und Malaria. Die Leichen wurden zum Teil in Essigfässern nach Europa transportiert. Die vielen Kreuze um die Baustelle sollten nicht weiter vermehrt werden. Alexander von Humboldt hatte also gar nicht so unrecht, als er wegen der wilden und gebirgigen Gegend dem amerikanischen Präsidenten Thomas Jefferson gegenüber die Machbarkeit des Projektes bezweifelte. Auch Gustave Eiffel, der ab 1887 eingeschaltet wurde, konnte das marode Projekt nicht retten. Das schafften erst die Amerikaner, die 1902 den Gesamtkomplex für vierzig Millionen Dollar kauften. Leiter der Arbeiten war ab 1907 der Generalmajor George Washington Goethals, Offizier im United States Army Corps of Engeneers. Sein Name klingt fast wie eine späte Hommage an den Kanal-Enthusiasten Goethe. Im Dezember 1999 wurde der Kanal feierlich von den USA an Panama übergeben, an die ACP, die Autoridad del Canal de Panama mit rund 9000 Mitarbeitern.

Dass der Präsident Panamas, Roberto Alberto Martinelli im Juli 2013 einem Frachter die Durchfahrt durch den „Kanal des Friedens" verweigerte, weil er unter Zuckersäcken versteckte Waffen von Kuba nach Nordkorea bringen sollte, das hätte Goethe sicher ebenfalls gefallen und weiter in den Bann des Atlantiks, des Pazifiks und Lateinamerikas gezogen.

Goethe diskutierte mit Eckermann die Bedeutung des Panamakanals für den Welthandelsverkehr: Für den sah er einen riesigen Aufschwung voraus, mit der Entstehung von bedeutenden Handelsstädten längs der Pazifikküste, die besonders den Verkehr zwischen China, Ostindien und den Vereinigten Staaten fördern würden. (48) Seine Affinität zu Wasser und Meeren war mit Sicherheit ein weiterer Grund für die Beschäftigung mit dem Kanalprojekt. Er war ein leidenschaftlicher Vertreter des Neptunismus, der Entstehung der Welt aus Wasser und nicht aus Feuer, wie die Vulkanisten glaubten. Ein Streit, der auch in Wilhelm Meisters Wanderjahren ausgefochten wird: *Mehrere wollten unsere Erdgestaltung aus einer nach und nach sich senkenden Wasserbedeckung herleiten ... Andere heftiger dagegen ließen erst glühen und schmelzen, auch durchaus ein Feuer obwalten, das ... sich noch immer durch die ungestüm sowohl im Meer als auf der Erde wütenden Vulkane betätigte.* (49) Von den *belebenden Kräften des Meeres und der Seeluft* war Goethe so überzeugt, dass er *alle Insulaner und Meeranwohner des gemäßigten Klimas bei weitem für produktiver und tatkräftiger hielt als die Völker im Inneren großer Kontinente.* (50) Und in seiner Ballade „Der Fischer" (1779) lockt eine Nixe, das *feuchte Weib,* einen Fischer in die Tiefe: *Halb zog sie ihn, halb sank er hin/ Und ward nicht mehr gesehen.* (51) Der geheimen, magischen Kraft des Wassers konnte er nicht widerstehen. Außerdem sah Goethe die Globalisierung voraus: *Wie durch Schnellposten und Dampfschiffe rücken auch durch Tages-, Wochen- und Monatsschriften die Nationen mehr aneinander und ich werde meine Aufmerksamkeit besonders auch auf diesen wechselseitigen Austausch zu wenden haben.* (52) Punktum, der Kommunikator, Globalisator und Neptunist Goethe musste sich zwangsläufig für den Panamakanal interessieren.

Die Anstöße, die Goethe zu seinen Gedankenreisen animierten, waren zahlreich und wirkungsvoll: Die Welt, die zu ihm kam, war in jedem Fall eine starke Einstiegsdroge, dann waren da noch seine Spione in der Welt, die Reisebeschreibungen, Biografien und Geschichtswerke, seine Münzsammlung, die Weltliteratur und schließlich die Kanalprojekte, allen voran der Panamakanal. Weimarer und Kosmopolit, das war er. Und das schloss sich bei ihm in seinen späteren Jahren nicht aus. Sein Weimar war zwar klein, aber in seiner Position auch fein, und sein Weltbürgertum riss ihn nicht ständig aus Weimar heraus, sondern beruhte im Wesentlichen auf seinen Phantasiereisen in die Ferne. Wie ein Zirkusartist ritt er im Stehen auf zwei Gäulen, die aber nicht in verschiedene Richtungen strebten und ihn die Balance verlieren ließen. Die hätte er nur eingebüßt und dabei sein Genick gebrochen, wenn er so wie früher Weimar zu oft als Grönland gesehen hätte.

Schiller wäre gerne wegen seines „Tells" in die Schweiz gefahren. Tat er aber nicht, weil ihm Goethes Erzählungen reichten. Auch er musste also nicht „fahren", um etwas zu „erfahren". (53) Auch bei ihm funktionierten die Reisen in Gedanken. Und das glückte immer wieder, war er doch mit seinem „Fiesko" in Italien, mit „Don Karlos" in Spanien, mit der „Jungfrau von Orleans" in Frankreich, mit „Maria Stuart" in England oder mit „Wallenstein" in Böhmen.

Der Tourismus zerstört, was er sucht, indem er es findet, meinte einmal Enzensberger. Eine Gefahr, die für Goethe und Schiller nicht zutraf. Umso interessanter wird unsere Beschäftigung mit Goethes Lateinamerikabild im fünften Kapitel sein.

„In ferne Regionen versetzen uns die Zeichnungen zu des Prinzen von Neuwied Durchlaucht brasilianischer Reise“ (1)

Goethes Kontakte zu den Reiseforschern Lateinamerikas und der Südsee

Die Vögel und Thiere des Prinzen von Neuwied angesehen, (2) notierte Goethe im März 1821 in seinem Tagebuch. Bilder, die ihn immer wieder bezauberten und nicht losließen, so wie die Bücher und Stiche der anderen Reiseforscher. Und die wurden von dem Verleger Bertuch in Weimar veröffentlicht. Friedrich Johann Justin Bertuch (1747–1822) brach sein Theologie- und Jurastudium in Jena nach wenigen Semestern ab und schlug sich zunächst als Hauslehrer und freier Schriftsteller und Übersetzer durch. Mit seiner Übertragung des Don Quichotte erregte er Aufsehen, und Wieland verschaffte ihm Zugang zum Weimarer Hof. Nach seiner erfolgreichen Anregung einer Zeichenschule für Weimar, die später von Johann Heinrich Meyer und Goethe geleitet wurde, arbeitete er ab 1775 einige Jahre als Sekretär des Herzogs. Seine Verlagsaktivitäten begannen 1778. Die waren so erfolgreich, dass er sich bald als literarischer Geburtshelfer ansah. In seiner 1782 gegründeten Fabrik für künstliche Blumen, die er als begehrte Produkte in ganz Deutschland verkaufte, war Christiane Vulpius als junge Frau beschäftigt. Gerade zu dem Zeitpunkt ihres Kennenlernens mit Goethe.

Goethe verdankte Bertuch aber mehr: Die ersten Reiseberichte über Brasilien. In seinem Weimarer Verlag erschienen beispielsweise die Reisebücher von Wilhelm von Eschwege und des Prinzen Wied zu Neuwied, die Goethe für seine eigene Bibliothek anschaffte. Aber auch die Werke Henry Kosters „Reisen in Brasilien“ (1817) und die „Bemerkungen über Rio de Janeiro und Brasilien“ von John Luccock (1821). Aktuelle Nachrichten zu Brasilien veröffentlichte Bertuch in den „Geographischen Ephemeriden“. Und ganz in diesem Geist legt heute der 2003 wiedergegründete Bertuch-Verlag den Schwerpunkt auf drei Reihen: „Weltliteratur für junge Leser“, „Soziale Dienste“ und „Forum Politik“. Goethe las auch regelmäßig das Journal „Minerva“ des Jenaer Verlegers Friedrich Alexander Bran (1767–1831), das 1824 ein ausführliches *Gemälde des vergangenen und gegenwärtigen Zustandes des Brasilianischen Reichs* vorlegte. (3) Aktueller Anlass waren die Unabhängigkeitsverhandlungen Brasiliens in London.

Ganz nach seiner Überzeugung, dass er *wohl aus Büchern und im Gespräch, nicht aber durch den zusammenhängenden Kathedervortrag etwas lernen konnte,* (4) nutzte Goethe auch die herzogliche Weimarer Bibliothek, die seit 1991

„Anna-Amalia-Bibliothek" heißt. Mehr noch: Er hatte ab 1797 bis zu seinem Tod die Oberaufsicht und verdoppelte den Bestand auf rund 80.000 Bände. Dazu gehörten auch die Menschenfresser-Bücher von Hans Staden „Wahrhaftig Historia der wilden, nackten, grimmigen Menschenfresserleute Brasiliens" (1557) und Jean de Lerys „Unter den Menschenfressern Brasiliens" (1557) oder Ferdinand Denis' „Resumé de l'histoire littéraire du Portugal et du Brésil", mit dem Goethe sich 1827 beschäftigte. Die Anna-Amalia-Bibliothek gehört heute mit ihrem ovalen, über drei Geschosse gehenden Rokokosaal, zum Weltkulturerbe der UNESCO. Die verheerenden Brandschäden aus dem Jahre 2004 sind seit 2007 wieder weitgehend beseitigt.

Bücher für seine Lateinamerika-Träume gab es also genug. Und die Reiseliteratur wurde von der Hofgesellschaft verschlungen, brachte neuen Sauerstoff aus der Neuen in die Alte Welt. Die Reiseforscher waren die „Gagarins" der damaligen Zeit, die bewunderten Helden. Wenn auch Schiller in seinem Gedicht „Der Antritt des neuen Jahrhunderts" skeptisch war: *Ach umsonst auf allen Länderkarten / Spähst du nach dem seligen Gebiet, / Wo der Freiheit ewig grüner Garten, / Wo der Menschheit schöne Jugend blüht.* (5) Seinen „Tell" lässt er dagegen in seiner *edlen Simplizität* nach Safranski als edlen Wilden erscheinen, der nicht aus der Südsee, sondern aus der Schweiz kommt. (6)

Aber die Geschichte von Goethes Gedankenreisen nach Lateinamerika und in die Südsee muss vor allem über seine persönlichen Kontakte zu den Reiseforschern seiner Zeit berichten. Die prägten ihn am stärksten.

Georg Forster

Forster hatte als junger, noch nicht zwanzigjähriger Mann zusammen mit seinem Vater Reinhold die zweite Weltumseglung James Cooks, des legendären Ass unter den großen Kapitänen, von Juni 1772 bis Juli 1775 mitgemacht. Ob der sagenhafte Südkontinent existiere, das war die spannende Frage.

Nach einer Reise, die drei Jahre und achtzehn Tage gedauert hatte, deren zurückgelegte Meilen einer dreimaligen Erdumseglung entsprachen, war erhärtet, dass kein festes Land auf der südlichen Halbkugel existiert. So weit war noch kein Seefahrer in die südliche Hemisphäre vorgedrungen. Doch damit nicht genug: Die Expedition hatte neue Inseln gefunden, unbekannte Menschen entdeckt, von neuen Pflanzen und Tieren ganz zu schweigen. Besonders interessant die Entdeckung der Feuerland-Indianer, die durch die rauen Lebensbedingungen *zur niedrigsten Stufe der menschlichen Natur bis an die Gränzen der unvernünftigen Thiere herabgewürdigt* waren. (7) Ganz anders die Völkerschaften der Societätsinseln, die in ihrem begnadeten Klima bereits zivilisierte Formen des Zusammenlebens, *Menschenliebe und Freundschaft*, entwickelt hatten, wenn sie auch *der Sinnlichkeit bis zur Ausschweifung Raum* gaben. (8) Forsters Fazit lautete: *Durch die Betrachtung dieser verschiedenen Völker, müssen jedem Unparteyischen die Vortheile und Wohlthaten, welche Sittlichkeit und Religion über unseren Weltteil verbreitet haben, immer deutlicher und einleuchtender werden. Mit dankbarem Herzen wird er jene unbegreifliche Güte erkennen, welche ihm ohne sein Verdienst einen wesentlichen Vorzug über soviele andre Menschen gegeben, die ihren Trieben und Sinnen blindlings folgen …* (9)

Eine *stete Reihe von Mühseligkeit und Elend* (10) nannte Forster die Fahrt vom Kap der Guten Hoffnung in den Süden. Beständiger Regen, Schnee und Hagel fegten über das Deck und überzogen das Tauwerk mit Eis, rissen die Hände der Matrosen auf. Die ständige Angst, einen Eisberg zu rammen, nahm besonders bei dem oft ganze Wochen anhaltenden Nebel zu. Umstände, die selbst den *Entschlossensten und Lebhaftesten niedergeschlagen* machten. (11) Dagegen wartete dann das Paradies auf Tahiti mit seinem glücklichen Klima und seinen hübschen Frauen. Die boten gegen kleine Geschenke den Matrosen ihre Liebesdienste an: *Eine von ihnen blies die Nasenflöte, die übrigen tanzten allerlei Tänze, worunter verschiedene waren, die mit unseren Begriffen von Zucht und Ehrbarkeit eben nicht sonderlich übereinstimmten. Wenn man aber bedenkt, dass ein großer Theil dessen, was nach unsern Gebräuchen tadelnswert zu nennen wäre, hier, wegen der Einfalt der Erziehung und Tracht, würklich für unschuldig gelten kann, so sind die Tahitischen Buhlerinnen im Grunde minder frech und ausschweifend als die gesitteteren Huren in Europa.* (12) Forster warb damit um Nachsicht und Verständnis. Ja, er ging später so weit, zu fragen, ob es nicht besser sei, den Kontakt zwischen der Südsee und Europa ganz abzubrechen, um die Insulaner vor uns zu schützen. Übrigens war er sich in seiner toleranten Haltung mit seinem Kapitän einig. Auch Cook hatte nichts gegen den Handel ‚Liebe gegen Ware' einzuwenden, da ja dadurch weder die Gemeinschaft noch der Einzelne geschädigt werde. (13)

Und diesen erfahrenen jugendlichen Helden traf Goethe im September 1779 zum ersten Mal. In Kassel und inkognito, begleitet von einem Kammerherrn und einem Oberforstmeister. Wie es denn Goethe in Weimar gehe, wollte Forster wissen. Der sei er selbst, meinte er verschmitzt und stellte auch den Forstmeister vor, den Herzog Karl August. Die Aura Forsters als Weltumsegler wurde noch durch seinen englischen Hintergrund erhöht, denn für Goethe hatten die Engländer den Deutschen einiges voraus, sie traten einfach selbstsicher und doch sympathisch auf, *als wären sie überall die Herren und als gehöre die Welt überall ihnen.* (14) Sie eroberten die Herzen der jungen Frauen im Sturm und hinterließen oft Scherbenhaufen: *Es sind gefährliche junge Leute; aber freilich, dass sie gefährlich sind, das ist eben ihre Tugend.* (15) Der Grund lag für ihn in der freieren Erziehung der Engländer, die sie ganz unverbildet und unverbogen ließ, eben natürlich. Umgekehrt machte Goethe einen hervorragenden Eindruck auf den jungen Forster, er verglich ihn später mit einem leuchtenden Meteor. In ihren Gesprächen ging es vor allem um die Südländer und ihre Mentalitäten und wahrscheinlich auch um die Toleranz, die Europa ihnen schuldig ist. Das ist deshalb zu vermuten, weil die Beiden später über diese Frage korrespondierten und weil Goethe zur Evolutionstheorie neigte. (16) Wenige Wochen später kam Goethe erneut nach Kassel. Aber nicht in erster Linie zu Forster, sondern zu dem Anatomen Samuel Thomas Soemmerring. Seine Jagd nach dem Zwischenkieferknochen, der in seiner Evolutionstheorie eine Rolle spielte, führte ihn zu ihm. Für Forster hatte er nur wenig Zeit, und der schien das schwer zu nehmen. (17) Trotzdem: Das Band war geknüpft, und Forster besuchte den Dichter auf seiner Hochzeitsreise 1785 in Weimar. Ein freundliches Treffen bei einem griechischen Abendessen, sicher nicht ohne Gespräche um das humanistische Bewusstsein der Antike. Liebenswürdig ging es dann auch an den beiden Abenden in Mainz zu, als Goethe Forster, den Bibliothekar des dortigen Erzbischofs, während des Krieges Preußens und Österreichs gegen Frankreich 1792 besuchte. Es sollte die letzte Begegnung sein, denn bei seinem zweiten Mainzer Besuch, der Belagerung und Befreiung der Stadt wenig später, hielt sich Forster in Paris auf. Er verhandelte dort die Aufnahme von Mainz in die französische Republik. Die beiden Mainzer Abende waren recht gelungen. In seiner „Kampagne in Frankreich" verriet Goethe auch warum: Die Politik wurde ausgespart. Wie hätte es auch anders sein sollen, rückte Goethe doch gegen das republikanische Frankreich vor. Und überzeugter Republikaner, der war Forster nun mal. Ein politischer Graben zwischen dem konservativen Goethe und dem andersdenkenden Forster, der nur durch Schweigen zu überwinden war. Das Quartett, das die Forsters in ihrem Haus „aufführten", das beeindruckte Goethe sichtlich: Therese Forster hatte eine Liaison mit dem offiziellen Hausfreund, mit dem Legationsrat Ludwig Ferdinand Huber, und Forster schäkerte mit seiner Assistentin Meta Forkel. Das Viererspiel bewegte ihn so nachhaltig, dass er es in seine „Wahlverwandtschaften" übertrug. Freilich geht es dort nur um „Gedankenreisen", um imaginäre Ehebrüche, während man mit seiner Ehefrau schläft.

Der erste Band der „Reise um die Welt" Georg Forsters erschien 1778 in Deutschland, der zweite 1780. Beide wurden zum Ereignis: Wieland war voll des Lobes, keine andere Reisebeschreibung habe ihm so viel Spaß gemacht. (18) Forster wird damit einer der ersten wissenschaftlichen Reiseschriftsteller, und seine Darstellung gilt als die beste über die Cookschen Entdeckungsfahrten. Für Richard Friedenthal gehört er sogar zu den besten Prosaschriftstellern seiner

Zeit. (19) Besonders interessant, dass er als einer der Ersten die Melodie eines Liedes der Tahitaner aufgezeichnet hat. (20) So wie später Hercule Florence, einer der Zeichner und Expeditionsbegleiter Georg Heinrich von Langsdorffs, der als russischer Generalkonsul in Rio de Janeiro zwischen 1822 und 1829 große Entdeckungsreisen durch Brasilien durchgeführt hat. (21) Überflüssig zu erwähnen, dass Goethe Georg Forsters Werke in seiner Bibliothek hatte. (22) Aber nicht nur das: Er kannte auch die Beschreibung der Cookschen Reise von seinem Vater Reinhold Forster. Georg hatte ihm die deutsche Übersetzung nach ihrem zweiten Treffen in Kassel geschickt. Diese „Observations made during a voyage round the world on physical geography, natural history and ethic philosophy" waren 1778 in England erschienen.

Wie bekannt Georg Forster bereits war, als er nach der Weltumseglung von England nach Deutschland kam, zeigt eine kleine Anekdote in Düsseldorf. Bei seinem Besuch der Kunstakademie kam der Sohn des Leiters später hinzu und fragte den Gast aus England nach dem berühmten jungen englischen Weltumsegler. Der sei er doch selbst, erwiderte Georg Forster. Da passierte ihm genau das, was er später mit Goethe in Kassel erlebte, als der ihn inkognito besuchte. Mit seinem im Mai 1787 erschienenen Essay über Cook machte er diesen Weltumsegler in Deutschland erst richtig bekannt und festigte seinen eigenen Ruf als Reiseschriftsteller. Der wurde zusätzlich durch seine Ernennung zum wissenschaftlichen Leiter einer vierjährigen Pazifik-Expedition der Zarin gefördert, die im März 1788 über Brasilien starten sollte, aber auf Grund von Kriegswirren fallengelassen werden musste.

Aber zunächst wurde er 1778 nach Kassel und einige Jahre später in das polnisch-litauische Wilna, das heutige Vilnius, als Professor für Naturgeschichte berufen, dann nach Absage der russischen Expedition als Bibliothekar des Erzbischofs nach Mainz, „noblesse oblige"! Ganz besonders wichtig waren ihm dabei die Kontakte, die er nicht nur zu Goethe, sondern auch zu Lichtenberg, Lessing, Kant, Wieland und Herder knüpfte.

Und zu dem jungen Alexander von Humboldt, den er im Frühjahr 1790 mit auf seine Reise in die Niederlande, nach England und Frankreich nahm und dessen Mentor er wurde. Er musste sich einfach aus dem Mainzer Alltag befreien. Humboldt mit seinen damals rund einundzwanzig Jahren fiel ihm wegen zwei Eigenarten auf: Einmal wegen seines langen Schlafbedürfnisses, er war nur schwer aus dem Bett zu kriegen, zum anderen wegen seiner scharfen Beobachtungsgabe. Wenn er freilich einmal wach sei, dann sehe er mehr als jeder, der gar nicht geschlafen habe. (23) Dass der Weltumsegler beim Überqueren des englischen Kanals schwer seekrank wurde und rund zwei Wochen zur Erholung brauchte, ist eine andere amüsante Geschichte. Eine Enttäuschung war für ihn, dass die englischen Verlage sich nicht für seine Pflanzenzeichnungen interessierten, obwohl er doch wirklich mit Akribie gezeichnet hatte. Im Gegensatz zu dem Cookschen Expeditionsmaler William Hodge, dem er vorwarf, bei seinen Portraits der Tahitaner zu starke Konzessionen an den Geschmack der Antike gemacht und zu ungenau gearbeitet zu haben. (24) Goethe dagegen hatte bereits 1780 gerade wegen der Präzision und Genauigkeit den Verkauf einiger seiner Vogelbilder an den Herzog von Sachsen-Gotha-Altenburg vermittelt. In seinem Buch „Ansichten vom Niederrhein, Flandern, Holland, England und Frankreich im April, Mai und Juni 1790" prophezeite Forster eine Migrationsbewegung von Nord nach Süd, nach Asien und Afrika. Ganz einfach, weil Europa durch zunehmende Entwaldungen unbewohnbar werde. Dass wir heute mit den umgekehrten Problemen kämpfen, hätte ihn sicher erstaunt. Dafür lag er mit seiner Einschätzung richtig, wie stark Wissenschaft und Politik von der Wirtschaft abhängen. Die teilte Goethe mit ihm und äußerte sie zum Beispiel deutlich bei seinem Kommentar zum Panama-Kanal. Sicher ein Grund mit, dass er Forsters Buch lobte, trotz seiner Beschreibungen der belgischen revolutionären Unruhen. (25) Und Sympathie für revolutionäre Ausbrüche konnte Goethe ja nicht nachgesagt werden. Mit so einem scharfen Beobachter, da würde er gerne mitreisen. Größer konnten seine Komplimente nicht sein. Dabei hatte er wohlweißlich verdrängt, wie stark Forster am Ende seiner Reise in den Sog der Französischen Revolution in Paris geraten war und wie berauscht die Verbrüderungen der Menschen beobachtetet hatte. Ein Rausch, der vor seinem frühen Tod in Paris durch die Diktatur des Wohlfahrtsausschusses, die Revolutionstribunale und zahllose Hinrichtungen auf dem Schafott verflog. Danton konnte Robespierre damals nicht klarmachen, dass es nicht lohnt, für seine Ideen zu morden.

Goethe jedenfalls ging mit Forster toleranter um als später die Nationalsozialisten, die ihn als Vaterlandsverräter verteufelten oder die beiden deutschen Nachkriegsstaaten: In der Bundesrepublik passte er mit seiner Progressivität zumindest nicht in die Adenauerzeit mit ihrem Schlachtruf „Keine Experimente", und für die Deutsche Demokratische Republik waren wohl Terror und Irrtümer der Revolution in seinem Lebenslauf zu sichtbar. Immerhin: Die DDR benannte eine Antarktisstation nach ihm, und die BRD zog 2013 nach: Mit einem neuen Gebäudekomplex der Universität Mainz, der heute seinen Namen trägt.

Alexander von Humboldt

Für Schiller war er ein gnadenloser, schamloser Ausmesser, ohne Einbildungskraft, der sich nicht in die Natur einfühlen konnte. (26) Für Martius dagegen brachte er *den Duft amerikanischer Zaubergärten in den deutschen Nebel.* (27) Auch für Goethe, der im Dezember 1826 in seinem Tagebuch notierte: *Was ist das für ein Mann ... Man kann sagen, es hat an Kenntnissen und lebendigem Wissen nicht seinesgleichen. Und eine Vielseitigkeit, wie sie mir gleichfalls noch nicht vorgekommen ist. ... Er wird einige Tage hierbleiben, und ich fühle schon, es wird mir sein, als hätte ich Jahre verlebt.*(28)

Wer war dieser Alexander von Humboldt? Sein erstes Semester im Winter 1787 in Frankfurt an der Oder scheint Schiller recht zu geben: Er studierte auf Drängen seiner Mutter Kameralwissenschaften, ein trockenes Fach, das für den Staatsdienst qualifizierte. Im folgenden Sommersemester ging es dann immerhin in die Großstadt Berlin und hier beschäftigte er sich auch mit Mathematik und Physik so wie mit Griechisch und Philosophie. Bei der Suche nach sinnvollen Studieninhalten lernte er den Botaniker Carl Ludwig Willdenow kennen. Der führte ihn in die Erkundung der Pflanzenarten ein. Für Humboldt eine Entdeckung, vielleicht schon jetzt „die" Entdeckung für sein weiteres Leben. (29) Nach einem Jahr wechselte er nach Göttingen und lernte bei dem Altphilologen Christian Gottlob Heyne, übrigens dem Schwiegervater Georg Forsters, Toleranz gegenüber anderen Kulturen, besonders der Neuen Welt. Und bei Professor Georg Christoph Lichtenberg, Physiker, Mathematiker und Astronom, lernte er, aus praktischen Versuchen Folgerungen zu ziehen, mit einem Wort: Induktives Denken. Erst kam der Versuch, dann die Ableitung physikalischer Gesetze. (30) Schon jetzt wird klar, dass Schiller mit seiner Ausmesser-Beschimpfung viel zu kurz gegriffen hat. Nach dem Göttinger Semester lud ihn Forster zu seiner Expedition in die Niederlande und nach England ein. Sein letztes Semester verbrachte er an einer Handelsakademie in Hamburg, zum Abschluss der kameralwissenschaftlichen Studien.

Wenn schon Beamter beim Preußischen Staat, kam für ihn mit seinen naturwissenschaftlichen Erfahrungen nur eine Stelle im Bergbau in Frage. Nach einem weiteren Ausbildungsjahr an der Bergakademie Freiberg war es dann soweit. Bei seinen ersten Zechenbesuchen in Thüringen festigte sich bei ihm der „Neptunismus", die Theorie der Entstehung der Erde aus Wasser. Jedenfalls glaubte er, die Wirkungen des Wassers an den Gesteinen zu erkennen. Später in Lateinamerika sollte er zum „Vulkanisten" werden, die die Entstehung der Erde aus Feuer und Vulkanen erklären. Ein Thema, das er mit Goethe, einem überzeugten Neptunisten, vermied. Im Mai 1793 wurde er zum Oberbergmeister in Franken ernannt und bereits ein Jahr später zum Bergrat befördert.

Zum ersten Treffen mit Goethe kam es im März 1794, als er seinen Bruder Wilhelm von Humboldt in Jena besuchte. Vielleicht hat Goethe hier schon gespürt, wer Alexander von Humboldt war: Ein überragender

Naturwissenschaftler, der das hatte, was ihm fehlte, der ihm *unnennbare Vorteile* bringen konnte. (31) Damit begann ein lebenslanger wissenschaftlicher und freundschaftlicher Kontakt. Ihr Briefwechsel sollte Jahrzehnte andauern.

Alexander von Humboldt wurde immer klarer, was er wirklich wollte: Eine umfassende Weltbeschreibung, die die Fauna und Flora ebenso wie die Mineralien berücksichtigen und die auch die Entstehung der Erde erklären sollte. Voraussetzung dafür war eine Weltreise, auf der die Daten festgehalten werden konnten. Aber die notwendige Bewilligung seiner Behörde blieb aus. Da starb Ende 1796 seine Mutter. Mit dem ererbten Vermögen konnte er den Staatsdienst verlassen und in Ruhe als Privatgelehrter seine große Expedition vorbereiten.

Entscheidend war die Zustimmung des spanischen Königs Karl IV. zu seinem Unternehmen. Große Teile Mittel- und Südamerikas gehörten damals zu Spanien. Nach dessen Einverständnis war die größte Hürde genommen, wenn auch wegen der Kriegssituation zwischen Spanien und England der Zugang zu Brasilien als portugiesische Kolonie ausgeschlossen war. Portugal stand auf der Seite Englands. Eine weitere Rolle spielte natürlich auch, dass Portugal die brasilianischen Häfen geschlossen hielt, um die Bodenschätze allein auszubeuten. Das änderte sich erst mit der Öffnung des Landes im Januar 1808 nach der Flucht König Joao VI. nach Brasilien. Mit 15.000 Personen und sechsundreißig Schiffen erreichte der Hof nach stürmischer Fahrt Rio de Janeiro mit seinen rund 60.000 Einwohnern. Das bedeutete die Beschlagnahme vieler Häuser durch die Krone. Trotzdem setzte schnell ein großer Boom ein: Die Nationalbank, die Nationalbibliothek, das Hoftheater, die Akademie der Künste und das Nationalmuseum wurden gegründet.

In Paris hatte Humboldt einen idealen Reisebegleiter gefunden, den Botaniker Aimé Bonpland (1773–1858), der nach ihrer Rückkehr aus Lateinamerika mit seiner Hilfe Hofgärtner der Ehefrau Napoleons, der Kaiserin Joséphine de Beauharnais, wurde. Ein Ziel der umfangreichen Expedition, die an der amerikanischen Westküste bis Lima führte, aber auch nach Mexiko und Kuba sowie in die USA, war der südwestliche Vorstoß von Caracas durch die Steppenlandschaft im heutigen Venezuela und über den Orinoco weiter in das Landesinnere in Richtung Amazonas: Dass der Orinoco mit dem Rio Negro durch den Fluss Casiquiare verbunden war, sollte bewiesen werden und damit, dass eine Anbindung an den Amazonas bestand. Eine Flussreise, die bei den zurückzulegenden Kilometern fünfundsiebzig Tage dauerte. Leidenstage, denn die Moskitos griffen die Humboldt'sche Mannschaft ebenso unbarmherzig an wie vorher und später die anderen Reiseforscher. Auch die Stromschnellen und Wasserfälle behinderten die Flussfahrt immer wieder, und Bonpland erkrankte schwer an hohem Fieber. Die Folge war: Humboldt riet den Reisenden von dem Weg über den

Casiquiare ab. (32) Aufschlussreich ist, dass er nicht nur die entsprechenden Messungen und Beschreibungen vornahm, sondern besonders in der öden Steppe auch die Wirkungen der Natur auf die Reisenden beachtete. Es ging ihm nicht nur um das Kartographieren und Vermessen, sondern auch um die Emotionen und darum, dass seine späteren Reisebücher nicht nur für Wissenschaftler interessant sein sollten, sondern auch für einen weiteren Leserkreis. (33)

„Alexander von Humboldts und Aimé Bonplands Reise in die Aequinoktial-Gegenden des neuen Kontinents" erschien 1807 bei Cotta. Humboldt widmete das Buch Goethe: *In den einsamen Wäldern am Amazonasflusse erfreute mich oft der Gedanke, Ihnen die Erstlinge dieser Reise widmen zu dürfen.* (34) Goethe war fasziniert und konnte das Buch kaum aus der Hand legen. Er erhielt es nach Aussage seiner Tagebücher am 17. März 1807, begann sofort die Lektüre und verschlang es an mehreren Tagen. (35) Da in seinem Exemplar eine Karte mit dem Querschnitt durch Südamerika fehlte, fertigte er sie selbst an, und es enstanden seine „Höhen der Alten und Neuen Welt". Links Europa mit den Alpen und rechts Amerika mit den Anden. Voller Begeisterung zeichnete er in sein Panorama drei Höhen-Forscher ein: Horace Bénédict de Saussure steht auf dem Mont Blanc, den er 1787 bestiegen hatte, Humboldt auf dem Chimborazo, den er bis zu einer Höhe von 5760 Metern bezwungen hatte, und in der Mitte schwebt der französische Luftschiffer Joseph Louis Gay Lussac, der mit einem Ballon im September 1804 rund 7000 Meter über den Meeresspiegel aufgestiegen war. Die von Humboldt erbetenen Korrekturen seiner Karte kamen prompt. (36) Die Begeisterung Goethes ist zu verstehen, wenn man daran denkt, dass Humboldt mit seiner Besteigung des Chimborazo, den man damals für den höchsten Berg hielt, einen Höhenrekord aufgestellt hatte, und wenn man die Strapazen des Aufstiegs nicht vergisst. *Wir stiegen höher, … aber die Kälte nahm mit jedem Schritt zu. Auch das Atmen wurde stark beeinträchtigt, und noch unangenehmer war, dass alle Übelkeit, einen Drang sich zu erbrechen verspürten. … Außerdem bluteten uns Zahnfleisch und Lippen. Das Weiße unserer Augen war blutunterlaufen.* (37) Weniger drastisch konnte Humboldt die Torturen nicht beschreiben. Die meisten seiner Kameraden hatten auch bereits bei 5100 Metern aufgegeben.

Schon im Frühjahr 1806 hatte Humboldt seinen Artikel „Ideen zu einer Physiognomik der Gewächse" an Goethe geschickt. Dessen Rezension in der „Jenaischen Allgemeinen Literaturzeitung" fiel äußerst positiv aus. Humboldts lebendige Darstellung rege die Einbildungskraft der Leser an und vergegenwärtige bei ihnen die Tropen- und Pflanzenwelt. Und genau das wollte Humboldt: Den Leser zu einer Gedankenreise verführen und ihn die schwierige politische Lage nach der Niederlage gegen Napoleon bei Jena und Auerstedt vergessen machen. Ein Wunsch, den er in seinen 1808 erschienenen „Ansichten der Natur" auch explizit formulierte: Er wolle den Leser *aus der stürmischen Lebenswelle … in das Dickicht der Wälder, durch die unabsehbare Steppe und auf den hohen Rücken der Andenkette* (38) herausretten. Ein Vorgehen, das bei dem gedankenreisenden Goethe auf fruchtbaren Boden fiel.

Und der beschäftigte sich immer wieder mit Humboldts Karten und Schriften, zum Beispiel im Januar 1810 mit seinen „Ansichten der Kordilleren“, (39) diskutierte auch darüber mit Wilhelm von Humboldt. (40) Später las er Alexander von Humboldts Werk über Kuba. (41) Die Höhepunkte stellten aber die Besuche Humboldts bei Goethe in den Jahren 1823, 1826/7 und 1831 dar. Das Treffen im Dezember 1826 riss ihn zum Beispiel gegenüber Eckermann zu Begeisterungsstürmen hin: *Was ist das für ein Mann! … Man kann sagen, er hat an Kenntnissen und lebendigem Wissen nicht seines gleichen. … Wohin man rührt, er ist überall zu Hause und überschüttet uns mit geistigen Schätzen. Er gleicht einem Brunnen mit vielen Röhren, wo man überall nur Gefäße unterzuhalten braucht und wo es uns immer erquicklich und unerschöpflich entgegen strömt.* (42) Ein Genie, dafür hielt er ihn, ein Mann, mit dem er an einem Tag weiterkam als allein in Jahren. (43) Diese Einschätzung teilte sein Herzog, der mit Humboldt stark verbunden war und noch in Berlin die letzten Tage vor seinem Tod mit ihm verbrachte. (44) Bei dem letzten Besuch Humboldts bei Goethe Ende Januar 1831 ging es vor allem um dessen russische Reise. (45)

Alexander von Humboldt war in den Naturwissenschaften Goethes Mentor. Zwei Themen sparten sie aber aus: Goethes Farbenlehre und den Vulkanismus. In der Farbenlehre war Goethe, wie wir noch sehen werden, uneinsichtig und dickköpfig, und der Vulkanismus war ihm unheimlich. Den vertrat Humboldt, nachdem er sich durch seine Erlebnisse in den lateinamerikanischen Bergen von einem Neptunisten in einen Vulkanisten gewandelt hatte. Die beiden Parteien standen sich in ihrer Erklärung der Entstehung der Erde unversöhnlich gegenüber: Die Einen glaubten an das Element Wasser und seinen Einfluss auf die Formung der Welt. Die Anderen sahen im Feuer, in den Vulkanen und Erdbeben die Ursachen für die Veränderungen der Erdtektonik.

Nach Abschluss seines großen Reisewerks, das Humboldt in seiner Pariser Zeit besonders beschäftigt hatte, begann er im Dezember 1827 mit seinen „Kosmos-Vorlesungen“ in Berlin und darauf aufbauend mit seinem Werk „Kosmos“, einem Panorama der Wissenschaften in der ersten Hälfte des 19. Jahrhunderts, das er kurz vor seinem Tod 1859 beendete. Goethe hätte ganz sicher seiner Auffassung zugestimmt, dass unterschiedliche Lebensräume die Entwicklung von Mensch, Tier und Pflanze stark beeinflussen. Eine Meinung, die im Gegensatz zur Theologie steht, die an die Erschaffung des fertigen Menschen durch einen Schöpfergott glaubt.

John Mawe

Nein, es ging Goethe nicht nur um die Mineralien, die Diamanten und das Gold von Minas Gerais, einem Gebiet in Brasilien, das John Mawe zwischen 1809 und 1810 bereiste. Nein, er vertiefte sich nicht nur im September 1817 in dessen Mineralien-Katalog aus der herzoglichen Bibliothek und im Oktober in das Diamanten-Buch, sondern er las damals auch Mawes „Reisen in das Innere von Brasilien, vorzüglich nach den dortigen Gold- und Diamantdistrikten". (46) An dem Geheimnis dieser Region mit „goldenem" Boden und ihren rotbraunen eisenhaltigen Flüssen war er offenbar interessiert. Und zu recht: Minas Gerais liegt im Südosten von Brasilien mit Städten wie Ouro Preto, Mariana oder Sabará, die im Goldrausch des 18. Jahrhunderts entstanden und die heute noch mit ihrer kolonialen Barockarchitektur begeistern, besonders mit den Werken des damals wichtigsten Künstlers Aleijadinho. Prachtbeispiele, für die die Zeit stehen geblieben ist und die die koloniale Vergangenheit wachrufen. Rund 70% der brasilianischen historischen Gebäude befinden sich heute in Minas. Ob der weltbekannte Architekt Oscar Niemeyer von den Kurven und Bögen des Barocks von Minas Gerais zu seiner Architektur angeregt worden ist, die sich ja deutlich von den strengen Linien Le Corbusiers und Walter Gropius' unterscheidet? Die Stadt Mariana hatte zu Beginn des Goldbooms so viel Geld, dass sie 1701 eine riesige Orgel für ihre Kathedrale in Hamburg bestellen konnte. Die 984 Pfeifen und Register wurden auf abenteuerliche Weise auf Maultieren vom Atlantik über die Küstenkordillere dorthin gebracht. Ein Unternehmen, das an Werner Herzogs „Fitzcarraldo" denken lässt. An seinen Film über einen Exzentriker, der im Dschungel ein Opernhaus bauen will und dabei Indianer einen alten Dampfer über einen Bergrücken ziehen lässt.

„Reisen", das konnte man damals in dieser Region auch ohne altes Dampfschiff „im Gepäck" nicht. Die Probleme hörten nach Auskunft des deutschen Reiseforschers Georg Heinrich von Langsdorff, der Minas 1824 erforschte, nie auf: Ständig rissen die Maultiere aus oder schüttelten doch wenigstens die Fracht ab. Ganz abgesehen von den schlechten Wegen, den Zecken und Flöhen und der schwierigen Versorgung mit Lebensmitteln. (47)

John Mawe (1764–1829) nahm alle Strapazen auf sich: Er brach 1804 nach Lateinamerika auf, an den Rio de la Plata. Die Geschäfte standen dabei im Vordergrund. Im September 1807 ging es dann weiter nach Brasilien. König Joao war mit seinen Plänen, die Bergwerke in Minas Gerais zu erforschen, einverstanden. Eine Erkundung, die Mawe zwischen 1809 und 1810 durchführte. Ein Jahr später war er zurück in England und veröffentlichte seine Werke sehr schnell. Sie wurden in viele Sprachen, auch ins Deutsche übersetzt.

Damit war Mawe einer der ersten, der nach der Öffnung Brasiliens dieses Land bereiste. Wenn die zweite Entdeckung des Spanisch sprechenden Lateinamerikas durch Humboldt erfolgte, dann spielte Mawe eine wichtige Rolle für die weitere Erschließung Brasiliens. Wenn ihm auch die Aura eines Humboldts oder Forsters fehlte.

Wilhelm von Eschwege

Dass Brasilien weiter erschlossen werden musste, darüber war sich Eschwege völlig klar. Das Land war für ihn eine „terra incognita“ und für den Verleger Bertuch ein „Lügenland“, über das eigentlich nur Unwahrheiten verbreitet wurden: *Dazu kommt noch die unselige Zeitungsschreiberjagd nach Brasilianischen Neuigkeiten, die Lügen, abenteuerliche Märchen und Halbwahrheiten auftreibt, in einen Topf wirft, und so die Verwirrung complet macht.* (48) Die rückte Eschwege bei seinen fünfzehn Zusammentreffen mit Goethe in Weimar im Jahr 1822 zurecht.

Eschwege hatte in Göttingen Jura, Medizin und Berg- und Hüttenkunde studiert. Auch bei dem berühmten Professor Johann Friedrich Blumenbach, dem Naturforscher und Anatom, dem „Magister Germaniae“. Der hatte Kontakte zu Goethe und wurde gerne in dessen Kreis gesehen, wie Eckermann bestätigte: *Blumenbach ist alt, aber von lebhaftem und heiterm Ausdruck; er hat sich die ganze Beweglichkeit der Jugend zu bewahren gewusst. Sein Benehmen ist derart, dass man nicht denkt, dass man einen Gelehrten vor sich habe.* (49) Bei Goethes negativer Einschätzung der deutschen Gelehrten war das genau der entscheidende Pluspunkt. Zu den Schülern um Blumenbach gehörten damals auch Alexander und Wilhelm von Humboldt, Georg Heinrich von Langsdorff und später Prinz Wied zu Neuwied.

Ab 1803 fand Eschwege eine Stelle im Bergbau Portugals. 1810 folgte er dem portugiesischen Königshaus nach Brasilien und wurde dort Direktor der Goldbergwerke und einiger Bergwerke in Minas Gerais. „Vater der brasilianischen Geologie“ wurde er daher schon bald genannt. (50) Zurück in Europa begannen im Januar 1822 seine Besuche bei Goethe. Der Grund: Er bot dem Herzog Karl August für seine Sammlungen brasilianische Diamanten an, die Auswahl sollte Goethe treffen. Da Eschwege auch einen Brief der brasilianischen Kronprinzessin Leopoldine für ihren Vater Kaiser Franz I. von Österreich im Gepäck hatte, konnte er Goethe bei seinem nächsten Besuch über die Reise nach Wien berichten. (51) Und ganz sicher auch über die österreichische Expedition, die Leopoldine 1817 auf ihrer Fahrt zur Eheschließung mit dem Kronprinzen Pedro begleitet hatte. Die Reiseberichte Eschweges hatte Goethe bereits direkt nach Erscheinen im Jahr 1818 mehrere Tage lang durchgesehen. Sie befanden sich in seiner Bibliothek. Im Mai 1822 verabschiedete sich Eschwege dann in Weimar von ihm. Als Geschenk ließ er sein neues Buch „Geognostisches Gemälde von Brasilien“ zurück. Er ging wieder nach Portugal, diesmal an die Spitze des portugiesischen Bergamtes. Goethe hatte er nicht vergessen: *Kam Hofrath Rehbein. Brachte brasilianische Münzen von Herrn von Eschwege,* (52) notierte Goethe in seinem Tagebuch. 1830 errichtete Eschwege an der Eder bei Bergheim/Hessen eine große Goldwaschanlage, die wegen Goldmangels 1835 in Konkurs ging. Nach einem erneuten portugiesischen Intermezzo wurde er 1850 pensioniert.

Prinz Maximilian Wied zu Neuwied

Das in Weimar viel gelesene „Morgenblatt für gebildete Stände“ Cottas kündigte Wieds Brasilien-Expedition direkt nach ihrem Start 1815 an. Das entging Goethe nicht, der selbst Autor bei dieser Zeitschrift war. *Prinz Neuwied in Brasilien,* notierte er in seinem Tagebuch. (53) Und im Dezember 1816 fragte er nach, ob schon erste Materialien des Prinzen in Neuwied angekommen seien. (54) Im Juli 1820 war es dann soweit: Goethe erhielt den ersten Band der Reisebeschreibung Wied zu Neuwieds, dessen Zeichnungen ihn *in ferne Regionen* versetzten und wegen des *Wundersamen der Gegenstände* und *der künstlerischen Darstellung* (55) bezauberten und zu weiteren Gedankenreisen anspornten. Selbstverständlich schickte er die Zeichnungen auch an seinen Herzog. (56) Die Wied'sche Fassung befindet sich noch heute in der Weimarer Goethe-Bibliothek.

Prinz Wied zu Neuwied studierte wie so viele später bekannte Naturforscher an der „Georgia Augusta“ in Göttingen bei dem legendären Professor Blumenbach. Bald nach seiner Rückkehr hatte Alexander von Humboldt dem Prinzen Brasilien als Reiseland empfohlen, das ihm persönlich verschlossen blieb. (57) Der spätere König Joao VI. hatte erst im Januar 1808 die „Charta regia“ erlassen, die die drei Jahrhunderte geschlossenen brasilianischen Häfen öffnete und die Erlaubnis zum Aufbau einer Handels-, Kultur- und Wissenschaftsinfrastruktur gab.

Als Max von Braunsberg stach der Prinz im Mai 1815 in See und kam Mitte Juli nach zweiundsiebzigtägiger Überfahrt in Rio de Janeiro an. Das Ambiente der Stadt schlug ihn in seinen Bann, eine „Walpurgisnacht“, in der sich *seidene Fräcke und Mönchskutten, französiche Spitzen und die Unterröcke der Sklavinnen* aneinander rieben. (58) In Rio lernte er schnell Georg Heinrich von Langsdorff kennen, der dort seit 1813 russischer Generalkonsul war und dem Prinzen wie so vielen Brasilienbesuchern das Land näherbrachte und bei der Vorbereitung seiner Expedition half. Wied wusste auch um andere Brasilienreisende wie Wilhelm von Eschwege, Hans Staden, der im 16. Jahrhundert die brasilianische Ostküste erkundet hatte oder Jean de Lery, der 1557 nach Rio kam. Die erwähnt er jedenfalls neben anderen in seinem Reisewerk.

Als Route wählte er die brasilianische Ostküste, da Minas Gerais bereits von Mawe und Eschwege erkundet und bekannt gemacht war. Die Ostküste zwischen Rio und Salvador Bahia war dagegen noch unerforscht und unbeschrieben. Mit sechzehn Maultieren und zehn Treibern und Jägern ging es an der Küste entlang in Richtung Norden. Und es kam, wie es damals bei allen Expeditionen kommen musste: Die unbändigen Maultiere warfen ihre Lasten ab und rissen sich ständig nachts los. Am nächsten Morgen musste stundenlang und mühsam nach ihnen gesucht werden. Fuhrwerke oder Karren zu benutzen, hatte wenig Zweck, denn die Räder bestanden aus hölzernen Scheiben, die sich mit stärkster Reibung und unter ohrenbetäubendem Quietschen um ihre Achse drehten. Die Moskitos griffen vor allem in den feuchten Gegenden unbarmherzig an. Dagegen half nur der erstickende Rauch von Feuern, die aber nur nachts oder bei der Rast angezündet werden konnten. In den Trockengebieten färbten die unzähligen Carapatos die Gebüsche rot, so dicht klebten sie an den Zweigen. Eine kleine Berührung genügte, und schon verbreiteten sie sich über den ganzen Körper und verursachten beißendes Jucken. Linderung verschaffte nur, sich großflächig mit Rauchtabak einzureiben. Trotzdem war an Schlaf oft kein Gedanke. Auch nicht wegen der Wespen, der Buschspinnen und der „bichos do pé“, der Flöhe, die sich in die Füße setzten und mühsam einzeln wieder herausgezogen werden mussten. (59) Die Verpflegung war einseitig und bestand hauptsächlich aus Mandiocamehl, schwarzen Bohnen, Mais, getrocknetem Salzfleisch und Reis. Und trotzdem: Der Urwald in seiner Farbenpracht und Schönheit überwältigte ihn und ließ alle Strapazen vergessen: *In dieser Jahreszeit würde es dem besten Landschaftsmaler kaum möglich sein, die mannigfaltig abwechselnde Farbenmischung der Riesenkronen dieser Urwälder darzustellen, und wenn er's vermöchte, so würde jeder, der diese Gegenden nicht selbst gesehen hat, sein Gemälde für eine bloße Dichtung der Phantasie halten.* Er fühlte sich *in einer neuen Welt, ... Alles, was uns umgab, kündigte eine von der bisher gesehenen ganz verschiedene Schöpfung an.* Die Riesenstämme waren häufig von Blumen bedeckt, die *weiß, hochgelb, hochrot, rosenrot, violett, himmelblau usw.* leuchteten. (60) Dass Goethe von Wieds Berichten sehr angetan war, muss nicht betont werden. Vielleicht auch deshalb, weil der bedrohende Wald, der Angst einflößende Dschungel eines Joseph Conrad oder einer Ingrid Betancourt, die von der FARC, den revolutionären Streitkräften Kolumbiens, jahrelang im kolumbianischen Urwald gefangengehalten wurde, kaum bei Wied auftaucht. Und wenn, dann beleben exotische Vogelstimmen wie die brummende Singstimme des „Mutum" *diese schauerlichen weiten Wildnisse.* (61)

Wied unterschied zwischen den *entwilderten Indianern,* den Küstenindianern, und den *Wilden,* den unzivilisierten Waldindianern. Die „Entwilderten" wollten wie Portugiesen sein und blickten mit Verachtung auf die Waldindianer. Ihre Sprache, die hatten sie schon weitgehend verloren und mit ihrer Bildung war es nicht weit her. Ihre geringen Kenntnisse und ihren oft schlechten Charakter führte Wied auf ihre falsche Behandlung und Unterdrückung durch die Europäer zurück, *die sie oft kaum für Menschen erkannten und mit dem Namen Caboclos oder Tapuyas die Idee von Wesen verbanden, die bloß geschaffen seien, um sich von ihnen misshandeln und tyrannisieren zu lassen.* (62) Die Folgen waren für Wied klar: Trunksucht, Faulheit und Unzuverlässigkeit. Und das, obwohl er sie eigentlich für intelligent hielt. Die Europäer trugen für ihn eine Mitschuld an diesem Zustand, an dieser gescheiterten Zivilisierung. (63)

Die „Wilden" standen für Wied *noch völlig auf der unteren Stufe der Kultur.* (64) *Nackt und braun, wie die Tiere des Waldes standen sie da …* (65) Ihre Menschenfresserei, die beschränkte sich auf Rachsucht. Ihre eigenen Toten fräßen sie nicht auf, wie einige Schriftsteller behaupteten. Das korrigierte Wied, bescheinigte aber *allen amerikanischen Völkern gefühllose Gleichgültigkeit bei frohen und traurigen Vorfällen.* Ihre im Vergleich zu Europäern körperliche Überlegenheit kannte er zwar an, (66) betonte aber besonders bei den Botokuden ihre Hässlichkeit: *Wir hatten nie dergleichen sonderbare und auffallend hässliche Wesen gesehen. Ihre originellen Gesichter waren durch große Blöcke von Holz, die sie in der Unterlippe und den Ohrläppchen trugen, verzerrt; die Lippe tritt dadurch weit hervor, und die Ohren hängen bei einigen wie große Flügel bis gegen die Schultern herab. Ihr brauner Körper war mit Schmutz bedeckt.* (67) Und die Sprache der Camacan-Indianer klang für ihn *barbarisch wegen ihrer vielen Kehl- und Nasentöne.* (68) Trotz seiner Kritik an der Behandlung der Indianer durch die Europäer wurde Wied seine eurozentrische Sicht nicht los. Ja, mehr noch, er berichtete kommentarlos, dass die weitere Ausbreitung der Europäer in Brasilien den Lebensraum der Indianer einschränken und sie zur Assimilierung zwingen würden. (69) Und schlimmer: Er setzte sich über alle Traditionen der Botokuden hinweg, als er heimlich einen Toten ausgrub und den Schädel raubte. (70) Ähnlich wie sein Mitreisender Georg Wilhelm Freyreiss, ein deutscher Naturforscher, der auf Langsdorffs Anraten nach Brasilien gekommen war, und der sich gegen das Sträuben der Eltern einen kleinen Indianerjungen kaufte. (71)

Goethe cauliflora und *Goethe semperflorens* nannte der Bonner Botaniker Nees von Esenbeck (1776–1858) zwei Malvenarten, die der Prinz Wied zu Neuwied aus Brasilien mitgebracht hatte. Eine Widmung, die mit Einwilligung des Prinzen und Zustimmung von Martius erfolgte und die Goethe hoch erfreute. Er schrieb in seinem Dankesbrief: *Dass Sie mich bey einer so herrlich ausgezeichneten Pflanze zum Gevattersmann berufen und meinem Namen dadurch eine so schöne Stelle unter den wissenschaftlichen Gegenständen anweisen, ist … rührend und eingänglich.* (72) Wenn er gewusst hätte, dass diese beiden Malvenarten heute in den botanischen Gärten der Universitäten Bayreuth, Bochum, Heidelberg und Jena sowie der Technischen Hochschule Darmstadt an ihn erinnern, (73) hätte das sicher seine Freude erhöht. Deutlich ist jedenfalls, dass ihn der Prinz Wied zu Neuwied mit seinen Schilderungen und Zeichnungen nachhaltig zu Gedankenreisen nach Brasilien verführt hat. Ebenso, dass Wieds Auffassung von der Mitschuld Europas an der desolaten Situation der Indianer, die ja auch schon Forster äußerte, Goethe in seiner Einschätzung dieser Frage beeinflusst haben wird. Die nordamerikanische Expedition Wieds zwischen Mai 1832 und August 1834 erlebte Goethe leider nicht mehr.

Im Mai 1817 trat Wied zusammen mit seinem Botokuden Quäck von Salvador de Bahia die Rückreise nach Europa an. In Lissabon traf er am 1. Juli 1817 auf die Schiffe der österreichischen Prinzessin Leopoldina, die gerade im Begriff war zusammen mit der österreichisch-bayrischen Naturforscher-Expedition nach Brasilien auszureisen.

Die Brasilienexpedition Sachsen-Weimars

Spätestens um die Jahreswende 1816/17 war es soweit: die Begeisterung Karl Augusts für die Neue Welt und besonders Brasilien war nicht mehr zu stoppen. Die Verlockungen, ausgelöst durch Reiseforscher wie Forster, Humboldt, Mawe, Eschwege und Wied zu Neuwied, waren einfach zu stark. Sicherlich auch durch Leopoldine, die österreichische Prinzessin, die am 13. Mai 1817 in Wien per Stellvertreter mit dem brasilianischen Kronprinzen Pedro verheiratet wurde und am 5. November in Rio de Janeiro eintraf. Begleitet war sie von zahlreichen Naturforschern, die eine Brasilien-Expedition durchführen sollten. Ein herausragendes Ereignis, das lange von Metternich vorbereitet worden war und um die damals noch blutjunge Leopoldine mit ihren blonden Haaren und blauen Augen hohe Wellen schlug. So hohe, dass Karl August unbedingt einen eigenen Reiseforscher nach Brasilien schicken wollte. Den von ihm vorgesehenen Dr. Thienemann begutachtete Goethe in seinem Auftrag. Der sollte dann zusammen mit dem preußischen Gesandten Flemming, der kurz vor seiner Entsendung stand, nach Rio de Janeiro reisen. Karl August hatte einen entsprechenden Antrag beim Auswärtigen Department in Berlin gestellt. Dass die österreichisch-bayrische Expedition ihn dabei auch bestärkte, geht aus einem späteren Brief des Herzogs hervor. (74) Doch es blieb ein Plan, besser eine „Gedanken-Expedition". Thienemann brach im Gegensatz zu Flemming nicht nach Brasilien auf. Bei dem Weimarer Hang zu Phantasiereisen eigentlich erwartbar und verständlich.

Karl Friedrich Philipp von Martius und Johann Baptist von Spix

Ich entließ ihn ungern, (75) vertraute Goethe seinem Tagebuch an. Gemeint war Martius, der „Vater der brasilianischen Völkerkunde". *Solange man Palmen nennt und Palmen kennt, wird auch der Name Martius mit Ruhm genannt werden,* schrieb Alexander von Humboldt bewundernd. (76) Ein Hauptgrund für seine Berühmtheit lag in seiner Brasilienexpedition, die er zusammen mit Spix und ganz im Anfang mit den Österreichern um Leopoldine von 1817 bis 1820 durchführte. *Nein! Brasilien und kein anderes Land ist jenes schon in der Urzeit geträumte hesperische und das hoffnungsreiche Paradies unserer Erde,* (77) schrieben die beiden Forscher nach ihrer Ankunft an ihren bayrischen König Maximilian I. Eine Einschätzung, die später in der Wildnis des Amazonas entschiedene Sprünge bekam, da fühlte sich Martius *von einer unaussprechlichen Sehnsucht nach Menschen, nach dem gesitteten, theuren Europa ergriffen.* (78)

Langsdorff, der russische Generalkonsul in Rio, war auch für Spix und Martius eine wichtige Anlaufstelle: Sie besuchten ihn vor dem Start ihrer Expedition in seinem Stadthaus und auf seinem Landgut „Mandioca" in der Nähe von Rio de Janeiro. Langsdorff war nun mal „der" Kommunikator für neu ankommende Europäer. Er wird sie unter Berücksichtigung ihrer Vorgänger wie Mawe, Eschwege oder Wied zu Neuwied bei ihrer Routenfestlegung mitberaten haben. Es sollten ja neue Wege beschritten werden. Sie trennten sich von den Österreichern aus zwei Gründen: Einmal kümmerte sich die österreichische Gesandtschaft zu wenig um sie, und zum anderen konnten die österreichischen Forscher sich nicht untereinander auf einen Reiseweg einigen. (79)

Spix und Martius zogen im Dezember 1817 über Minas Gerais in den Norden. Von Belem fuhren sie ab August 1819 über Santarem und Manaus den Amazonas aufwärts. Spix drang dann über den Solimoes bis nach Peru vor, während Martius über den Yapurá bis zum Vize-Königtum Neu-Granada gelangte. Insgesamt legten sie zwischen Dezember 1817 und Dezember 1820, ihrer Rückkehr nach München, rund 10.000 km zurück. Ihre Ausbeute war enorm: Sie sammelten rund 6500 Pflanzen, 2700 Insekten, 85 Säugetiere, 350 Vögel und 150 Reptilien.

Besonders interessant ist das Indianerbild von Martius. *Roh bis zur Thierheit* empfand er die Miranha-Indianer am Yapurá-Fluß, *aber jene Hinterlist, Furchtsamkeit und Kleinheit der Gesinnung, wodurch sich der aldeirte Indianer oft zum*

Gegenstand der Verachtung seiner Nachbarn macht, ist ihm fremd. Und weiter: *Übrigens tragen sie in ihren Gesichtern zwar den Ausdruck der ungebundetsten Rohheit, zugleich aber jene Guthmütigkeit, ohne welche wir den Menschen im Naturzustande nicht denken können.* (80) Eine Ansicht, die sich weitgehend mit Wied deckt: Auch Martius unterschied zwischen wilden und aldeirten Indianern, die „Wilden" standen eher auf der Stufe von Tieren und die „Entwilderten" hatten einen schlechten Charakter. Wie der Prinz bewertete er die Indianer aus europäischer Perspektive: Er kritisierte die *unangenehme Bildung* der *breiten, eckigen* Gesichter der Indianer, die er in Vila Rica in Minas Gerais getroffen hatte, sie riefen in ihm *die wehmütigsten Gefühle über die Verkümmerung des Menschlichen* hervor. (81) Es sind nicht die „Edlen Wilden" Rousseaus, haben aber einen Anflug davon. Der Naturzustand der Waldindianer bedeutete für Martius Rohheit bis zum Tier, aber gleichzeitig auch Gutmütigkeit. Dass sie für ihn verkümmert waren, liegt wieder an seiner eurozentrischen Sehweise. Martius empfand offensichtlich auch nichts dabei, einige Indianer mit nach München zu nehmen. Ursprünglich sollten es acht sein. Aber vier starben vor der Rückfahrt bzw. während der Überfahrt und zwei verschenkte er vorher. Juri und Miranha, die sich nicht untereinander verständigen konnten, gaben München Rätsel auf, denn man wusste nicht, was man mit ihnen machen sollte. Die Beiden verkümmerten in dem „eisigen" München und starben bald.

Schon ein oberflächlicher Blick auf Goethes Tagebuch zeigt, dass er die Reisebeschreibung von Spix und Martius „Reise in Brasilien …", München 1823–1831 immer wieder zur Hand nahm. Genau wie das Palmenbuch „Genera et species palmarum …" von Martius. (82) Nicht nur diese zwei Bücher, auch die „Physiognomie des Pflanzenreiches in Brasilien" von Martius und sein „Specimen materiae medicae Brasiliensis" befinden sich noch heute in der Weimarer Goethe-Bibliothek. Die Reisebeschreibung der Beiden gab Goethe *vielfach willkommene Localansichten einer großen Weltbreite, grandios, frei und breit; sie verlieh uns die mannigfaltigsten Kenntnisse einzelner Vorkommenheiten, und so ward Einbildungskraft und Gedächtnis vollkommen beschäftigt.* (83) Wie begeistert Goethe von dem Palmenwerk war, zeigt seine Rezension, in der er dem Buch bescheinigte, dass *zugleich Kenntnis, Einbildungskraft und Gefühl angeregt und befriedigt werden.* Mit einem Wort, die Lektüre dieser Schriften vermittelte ihm das Gefühl, sich *in einem weit entlegenen Weltteile durchaus als anwesend und einheimisch,* ja sogar *in der anmutigsten Gesellschaft zu fühlen.* (84)

Neben dem 1823 beginnenden Briefwechsel zwischen Goethe und Martius waren dessen Besuche in Weimar 1824 und 1828 eine sehr willkommene Freude. Bei dem zweiten Zusammentreffen am Frauenplan im Oktober 1828 war Goethe äußerst guter Dinge und sehr mitteilsam. Er stritt auf humorvolle Weise mit

Martius über die Frage, ob wirklich alle Menschen von einem einzigen Paare, von Adam und Eva, abstammten. Konform mit der Bibel war Martius dafür. Goethe dagegen plädierte für mehrere Urväter. Nach dem Rückzug der Wasser habe die Menschwerdung begonnen, da sprach wieder der eingeschworene Neptunist. (85) Dabei ging er in einem späteren Gespräch mit Eckermann davon aus, dass *außer dem Angeborenen der Rasse sowohl Boden und Klima als Nahrung und Beschäftigung einwirkt, um den Charakter eines Volkes zu vollenden.* (86) Da sprach der Anhänger der Evolutionstheorie. Gut möglich, dass seine im Juli 1827 geäußerte Auffassung, Affen wären den Menschen um so unangenehmer, je ähnlicher sie diesen seien, darauf hindeutet, dass er als ein Urväterpaar eben auch an Affen dachte.

Martius' Monumentalwerk, die „Flora Brasilensis", die zwischen 1840 und 1906 in vierzig Bänden erschien und das umfangreichste Pflanzenbuch über ein Land ist, hat Goethe leider nicht mehr gekannt. Mäzene dieses Werkes waren Metternich, Kaiser Ferdinand I. von Österreich, König Ludwig I. von Bayern und Kaiser Pedro II. von Brasilien. Im Gegensatz zu seinem Vorgänger Pedro I., der schnippisch fragte: *Müssen Ausländer kommen, um unsere Gewächse zu beschreiben? Können wir dieses nicht selbst thun?* (87)

Die österreichische Expedition

Der brasilianische Kronprinz Pedro wirke auf sie wie ein Adonis, er mache sie noch ganz närrisch, gestand Leopoldine ihrer älteren Schwester Marie Luise vor der Hochzeit in einem Brief. Das war der vielversprechende Anfang einer Ehe, die Metternich aus politischen Gründen eingefädelt hatte: Der politische Einfluss Österreichs auf Brasilien sollte ausgedehnt werden. Schöner Mann hin oder her: Sie hatte sich zu fügen, das war das Los einer Prinzessin, das sie auch akzeptierte: *Denn Du weißt aus Erfahrung,* schrieb sie kurz vor ihrem Aufbruch nach Brasilien an ihre Schwester, *dass eine Prinzessin nie handeln kann wie sie will.* (88) Und spielte damit auf deren Ehe mit Napoleon an. Das Ende war bitter und kam nach rund neun Jahren schneller als erwartet: Der Adonis hatte sich eine Geliebte genommen und von seiner Frau weitgehend abgewandt. Voller Wut soll er der schwangeren Leopoldine rund zehn Tage vor ihrem Tod in den Bauch getreten haben. Eine Entgleisung, die bei seinem agressiven Charakter gut vorstellbar ist. (89)

In den ersten Jahren stützte sich Pedro bei seiner mangelhaften Bildung dagegen oft auf sie, die über weit bessere Kenntnisse verfügte als er. Er ließ sie sogar 1822 als Regentin in Rio de Janeiro zurück, als er in Sao Paulo zu tun hatte. Sie war es auch, die ihn zur Unabhängigkeit Brasiliens drängte.

Auf Grund ihrer botanischen, zoologischen und mineralogischen Interessen und ihres Hangs zum Zeichnen kam ihr sicher die Begleitung der österreichischen Naturforscher und Künstler gelegen. Die Wichtigsten waren: Der Botaniker Johann Christian Mikan, der Leiter der Expedition, der Zoologe Johann Natterer, der Mineraloge und Botaniker Johann Baptist Emanuel Pohl sowie die beiden Maler Thomas Ender und Johann Buchberger. Die Expedition dauerte von 1817–1821, aber Natterer arbeitete unermüdlich bis 1835 in Brasilien weiter. Er hielt sich vor allem in Mato Grosso auf, erreichte aber auch Manaus und San Carlos an der venezolanischen Grenze. Carl Franz Anton Ritter von Schreibers, seit 1806 Leiter des Hof-Naturalien-Kabinetts, war im Auftrag Metternichs der Koordinator in Wien. Er hatte auch Blumenbach in Göttingen um anthropologischen Rat gefragt, waren doch an dieser Universität die Begriffe „Ethnographie“ und „Völkerkunde“ 1771 geprägt worden. (90) Mit ihm stand Goethe schon vor der Ausreise der Österreicher in Kontakt und bestellte im Auftrag Karl Augusts vor allem zoologische Präparate. Sein Interesse an der österreichischen Expedition ging so weit, dass er sogar die vertraulichen Dienst-Anweisungen für die Forscher kannte. (91) Geweckt wurde es sicher auch durch seine persönliche Bekanntschaft mit Leopoldine, die er 1810 in Karlsbad kennengelernt hatte. Neben der üblichen Sammeltätigkeit stand die Dokumentation von Naturprodukten und Handelsartikeln, die für Europa nützlich waren, im Zentrum. Und natürlich die Beschreibung und bildliche Darstellung der Indianer. (92) Die Ausbeute war mehr als beachtlich: Allein 32.825 Insekten wurden nach Wien geschickt. Verständlich, dass Goethe an von Schreibers schrieb: *Warum kann ich nicht an ihrer Seite, und wäre es auch nur auf einige Zeit, unter sovielen Schätzen frische Belehrung suchen und gegenwärtig seyn, wenn Ihr brasilianischer Reisender das Allerneueste entfaltet.* (93) Ihm blieben die Bücher, und er las mit Bewunderung Pohls „Flora brasiliensis“, dessen drittes Heft er auch an Karl August schickte. (94) Mikans „Delectus florae et faunae Brasiliensis“ lieh er sich im Juni 1827 in der herzoglichen Bibliothek aus. Dass ihm diese Beschäftigung Trost spendete, vermerkte er ausdrücklich. (95) Und den hatte er nach Beginn des Todes in Serie seiner Nächsten von Christiane im Juni 1816 über Frau von Stein bis zu dem Ableben Karl Augusts im Juni 1828 bitter nötig.

Goethe korrespondierte auch ab 1820 mit Graf Kaspar Maria Sternberg über Brasilien, der anfangs als Leiter der österreichischen Expedition nominiert war. Später lernte er Sternberg sogar persönlich in Marienbad kennen, ein zweiwöchiges Treffen, das ihn aufleben ließ. Kurz danach sahen sie sich dann noch einmal in Eger, diesmal war Pohl mit von der Partie. Der arbeitete seit seiner Rückkehr aus Brasilien als Kustos an dem 1821 gegründeten Wiener brasilianischen Museum. Auch diese Zusammenkunft verlief äußerst befriedigend: *Und so schieden wir denn nicht ohne wechselseitigen bedeutenden Nutzen nach fröhlichem Beysammensein,* (96) kommentierte Goethe. *Ein höchst bedeutender Mann,* meinte er rückschauend im Juni 1827 zu Eckermann über den Grafen. *Als Botaniker ist er durch seine ‚Flora subterranea' in ganz Europa bekannt; so auch ist er als Mineraloge von großer Bedeutung.* Für Eckermann ein Mann mit einem so interessanten Leben, dass er die „Wanderjahre" zieren würde. (97) Er war also über die österreichische Brasilienmission gut informiert und fragte zum Beispiel im August 1822 schriftlich bei Sternberg nach, wie es um dessen Koordinationsbemühungen der österreichischen, bayrischen und preußischen Forschungsergebnisse stehe.

Goethe und Georg Heinrich von Langsdorff

Goethe kannte fast alle bedeutenden Lateinamerika-Reisenden persönlich, wie Georg Forster, Alexander von Humboldt, Wilhelm von Eschwege, Karl Friedrich Philipp von Martius oder Johann Emanuel Pohl. Nur den Prinzen Wied zu Neuwied scheint er nicht getroffen zu haben. Seine Werke hatte er aber so wie die entsprechenden Veröffentlichungen der anderen mit Bewunderung gelesen. Und Georg Heinrich von Langsdorff, der zwischen 1822 und 1829 Expeditionen in Brasilien durchführte, der nach dem Motto lebte *Ich will keinen einzigen Tag mit Aktivitäten verlieren, die nicht zu meinen Zielen gehören,* (98) ausgerechnet über diesen engagierten Naturforscher soll er nichts gehört und gewusst haben? Jedenfalls erwähnte er ihn nirgendwo. Den Namen Langsdorff, den kannte er zwar: *Mit Dr. Starke nach Wiesb. Hl.v. Low und Geh.Rat Langsdorf,* (99) notierte er im August 1814 in seinem Tagebuch. Nein, Georg Heinrich ist nicht gemeint, sondern wohl Johann Wilhelm Langsdorf (1745–1827), ein Salinenexperte, der aus einer anderen Langsdorf-Familie stammte.

Bleibt die Frage: Wusste Goethe um Georg Heinrich von Langsdorff und wenn ja, warum verschwieg er ihn? In der Literatur zu den Reiseforschern findet sich dazu nichts. Nur einer, der Schriftsteller Hector Chevigny schreibt in seinem Roman „Lost Empire, the life of Nikolai Resanov": *He, von Langsdorff, who had taken such pleasure in meeting Goethe in Weimar.* (100) Rezanov hatte als Vertreter und Geschäftsträger des Zaren zusammen mit Langsdorff an der berühmten russischen Weltumsegelung Adam Johann von Krusensterns ab 1803 teilgenommen. Aufgabe Rezanovs war, den japanischen Kaiser zu treffen und den Markt aufzuschließen, ein Unternehmen, das bei dem geschlossenen Japan krachend scheiterte. Soweit die Realität, das Treffen mit Goethe findet nur in der Fiktion Chevignys statt. Eine abwegige oder in dem Sinne glaubhafte Annahme, dass Goethe über Langsdorff Bescheid wusste?

Langsdorff war als russischer Generalkonsul, Naturforscher, Arzt und Weltumsegler in Rio de Janeiro „der“ Kommunikator: Neu ankommende Europäer verglichen sein offenes Haus mit den literarischen Salons Europas und besuchten ihn regelmäßig, um sich über das Land beraten zu lassen. Wie Prinz Wied zu Neuwied oder wie Spix und Martius, die bei ihm ihren ersten Indianer getroffen hatten: *Der erste ursprüngliche Americaner, den wir hier sahen, war ein Knabe vom menschenfressenden Stamme der Botocudos in Minas Gerais; er befand sich in dem Hause unseres Freundes v. Langsdorff.* (101) In seinem „Salon“ ging es um Fragen der brasilianischen Bildungs-, Umwelt-, Verkehrs-, Agrar- und Wirtschaftspolitik. Ein Blick in sein Tagebuch zeigt seine visionären Vorschläge: Die Verlegung der Hauptstadt Rio de Janeiro ins Landesinnere, um den Abgeordneten der entfernten Regionen einen schnelleren Zugang zu ermöglichen, die Gründung einer Universität in Minas Gerais, die Einschränkung der die Umwelt bedrohenden Brandrodung und Goldwäsche, die Anlage von Straßen, Brücken und Wasserstraßen sowie die Einführung neuer Agrarmethoden auf seinem Mustergut „Mandioca“. (102) Bei dem „Chorgeist“, der nach Alexander von Humboldt unter den amerikanischen Naturforschern herrschte, (103) ist es kaum vorstellbar, dass Eschwege und Martius bei ihren Treffen mit Goethe Langsdorff nicht erwähnt haben. Aber da sind noch weitere Gründe, die diese These untermauern:

Einmal die gemeinsamen Interessen Goethes und Langsdorffs: Beide beschäftigten sich mit Heilkräutern, beide mit der brasilianischen „Raiz Preta“ bzw. der „Cainca“, die die Wassersucht heilen sollte. Schon Eschwege hatte in seinem „Journal von Brasilien“ diese Heilkraft beschrieben. Goethe zweifelte diese Wirkung allerdings an. (104) Die Wirkung der Arnika-Pflanze hob er dagegen nach Eckermann in den Himmel. (105) Die Arnica Montana wird auch heute noch als Kreislaufmittel verwendet. Gemeinsam interessierten sich die Beiden auch für den Brasilienhandel. Das war für den Generalkonsul eine Selbstverständlichkeit. Er notierte fassungslos in seinem Tagebuch: *Ist es nicht merkwürdig, dass sich der russische Zar mehr für die Bodenschätze Brasiliens interessiert als der brasilianische Kaiser?* (106) Goethe dagegen diskutierte mit dem Bremer Bürgermeister Kulenkamp über Möglichkeiten des Brasilienhandels. Er informierte sich auch über den Bremer Hafenbau, (107) ganz abgesehen von seinen bereits erwähnten Kenntnissen über den Panamakanal.

Beide waren mit der Petersburger Szene vertraut. Langsdorff hatte dort rund fünf Jahre gelebt und hatte als Generalkonsul entsprechende Kontakte. Aus Goethes Tagebucheintragungen zwischen 1806 und 1829 (108) ergibt sich, dass er vor allem durch entsprechende Besucher Einblick in die Petersburger Gesellschaft hatte. Auch mit den Umweltproblemen wie der überschwemmungsgefährdeten

Lage dieser Stadt. Mit der Akademie der Wissenschaften stand er wie übrigens auch Langsdorff in brieflichem und persönlichem Kontakt. Sein Verhältnis zu der Herzogin Maria Pawlowna, die ja aus Petersburg stammte, war herzlich. Er hatte mehrfach die Gelegenheit, dem Zar und der Zarin in Weimar vorgestellt zu werden. Und schließlich, Graf Golowkin, der die Krusensternsche Reise, an der Langsdorff teilgenommen hatte, etwas später fast genauso wiederholt hatte, war bei ihm zu Gast. Und bei all diesen vielen Kontakten soll nicht über Langsdorff gesprochen worden sein? Das ist sonderbar.

Aber da sind noch weitere Argumente: Prinz Wied zu Neuwied hat Langsdorff in seinem Buch namentlich erwähnt, das Goethe ja gelesen und bewundert hat. Martius hat Pflanzen, die Langsdorff gesammelt hatte, beschrieben und Natterer spielte mit der Idee, sich 1807 in Cuiabá/Mato Grosso der Langsdorffschen Expedition anzuschließen. (109) Und schließlich: Blumenbach, bei dem Langsdorff ja studiert hatte, besuchte Goethe in Weimar und stand mit ihm in Briefkontakt. (110)

Gründe über Gründe, die plausibel machen, dass Goethe über Langsdorff informiert war. Bleibt die Frage, warum er sich nicht über ihn geäußert hat. Vielleicht, weil der Name Langsdorff für ihn durch Karl Christian von Langsdorf (1757–1834) belastet war. Der Geologe, Salineninspektor und spätere Ordinarius an der Universität Heidelberg, übrigens ein Bruder des Langsdorfs, den Goethe im August 1814 getroffen hatte, hatte Goethes Theorien zur Farbenlehre in seinen „Heidelberger Jahrbüchern der Literatur für Mathematik, Physik und Kameralwissenschaften" 1807 angegriffen. Und das unter dem sprechenden Titel: „Über Newtons, Eulers, Kästners und Konsorten Pfuschereien in der Mathematik". Bezogen hatte er sich dabei wohl auf Goethes Vorpublikation zur eigentlichen Farbenlehre, seinen „Beitrag zur Optik", der 1791/95 erschienen war. Diesem „Mephisto" konnte er offenbar nicht verzeihen, denn auf seine Farbenlehre hielt er die größten Stücke, schätzte sie vielleicht höher als seine literarischen Werke. *Meine Farbenlehre ist so alt wie die Welt und wird auf die Länge nicht zu verleugnen und beiseite zu bringen sein,* (111) meinte er ein Jahr vor seinem Tod zu Eckermann. Er sei *unter Millionen der einzige …, der in diesem großen Naturgegenstande allein das Rechte wisse …* (112). Im Februar 1830 fasste er für Eckermann seine Auffassung in diesem Bild zusammen: *Ich komme mir oft vor wie ein Mann in einem Schiffbruch, der ein Brett ergreift, das nur einen einzigen zu tragen im Stande ist. Dieser eine rettet sich, während alle anderen jämmerlich ersaufen.* (113) Das taten sie aber nicht, sondern kritisierten und zerpflückten ihn. Und diese Kritik konnte er einfach nicht ertragen. *Sie sind ein Ketzer wie die anderen auch,* pfiff er Eckermann an, als der kleine Einwände gegen einige Aspekte der Farbenlehre machte. *Sie sind der erste nicht, der von mir abgewichen.*

Mit den trefflichsten Menschen bin ich wegen bestrittener Punkte in der Farbenlehre auseinander gekommen. (114) Dass er bei der Farbenlehre höchst empfindlich war, viel mehr als bei den literarischen Kritiken, das erklärte sich Eckermann mit den ständigen Tadeln und Missbilligungen: *Ein halbes Leben hindurch tönte ihm der unverständigste Widerspruch von allen Seiten entgegen, und so war es denn wohl natürlich, dass er sich immer in einer Art von gereiztem kriegerischen Zustand und zu leidenschaftlicher Opposition stets gerüstet befinden musste.* (115) In einem Wort: Obwohl der Generalkonsul nichts mit der Familie des Heidelberger Ordinarius Langsdorf zu tun hatte, wirkte offenbar schon der Name wie ein rotes Tuch. Und das genügte, um ihn nicht in seinen Schriften zu erwähnen. So wie er mit dem großen Naturforscher Lorenz Oken auch nichts mehr persönlich zu tun haben wollte, nachdem der sich ihm gegenüber schlecht betragen hatte. (116) Goethe machte nur eine Ausnahme bei den Langsdorfs: Bei seinem erwähnten Treffen mit dem Bruder des Heidelberger Kritikers im August 1814. Danach nahm er nur noch wenige Male dessen „Anleitung zur Salzwerkkunde" im Juni 1824 zur Hand. Bestimmt, weil er sich außerordentlich stark für Bergbau und Salinen interessierte. (117) Er war ja schließlich lange für den Bergbau in Ilmenau zuständig und hatte dort im Februar 1784 bei der Einrichtung eines neuen Schachtes eine freie Rede gehalten, die auch deshalb lange im Gedächtnis der Teilnehmer blieb, weil er plötzlich einen Blackout bekam: *Er schien seine Rede gut im Kopfe zu haben,* berichtete ein Hörer, *denn er sprach eine Zeitlang ohne allen Anstoß und vollkommen geläufig. Mit einem mal aber schien er wie von seinem guten Geist gänzlich verlassen, der Faden seiner Gedanken war wie abgeschnitten und er schien den Überblick des ferner zu Sagenden gänzlich verloren zu haben. Dies hätte jeden Andern in große Verlegenheit gesetzt; ihn aber keineswegs. Er blickte vielmehr wenigstens zehn Minuten lang, fest und ruhig in dem Kreise seiner zahlreichen Zuhörer umher, die durch die Macht seiner Persönlichkeit wie gebannt waren … Endlich schien er wieder Herr seines Gegenstandes geworden zu sein, er fuhr in seiner Rede fort und führte sie sehr geschickt ohne Anstoß bis zu Ende ….* (118) Das darf nur ein Goethe und kann nur einer, der etwas vom Thema versteht.

Als ich Rio verließ, wollte ich in meinen letzten Lebensjahren eine Reise machen, die vergleichbar mit den größeren Reisen des großen Alexander ist. (119) Diesen Vergleich mit Humboldt vertraute Langsdorff, dem es wirklich nicht an Selbstbewusstsein fehlte, nur seinem Tagebuch an. Er hatte nach ersten Expeditionen in der Provinz Rio de Janeiro in den Jahren 1822 und 1823, in Minas Gerais 1824 und in der Provinz Sao Paulo 1825 und 1826 für seinen Vorstoß tief in das Landesinnere auf Flusswegen bis zum Amazonas Großes vor. Wenn er dabei nicht kurz vor dem Amazonas etwa ab Mai 1828 das Gedächtnis verloren hätte und dadurch am Abfassen seiner Reiseerlebnisse gehindert worden wäre, dann hätte Goethe bestimmt trotz der geschilderten Animositäten zu Langsdorff gegriffen. Er wurde 1774 in Wöllstein im Rheinhessischen geboren und studierte ab Oktober 1793 in Göttingen – wie die anderen späteren großen Naturforscher bei Blumenbach. Als Leibarzt des Prinzen Christian von Waldeck, damals Oberbefehlshaber der portugiesischen Armee, kam er im Mai 1797 nach Lissabon. Schon damals schickte er zoologische Präparate an die Akademie der Wissenschaften in Petersburg. Russland sollte ihn lange nicht mehr loslassen: Von 1803 bis 1807 machte er die erste russische Weltumseglung unter dem Kapitän Adam Johann von Krusenstern mit. Für den jungen Wissenschaftler ein idealer Übungsplatz. Mit an Bord war Nikolai Rezanov, der Geschäftsträger des Zaren Alexander I., der den japanischen Markt aufschließen sollte. Der erste Kontakt mit Brasilien überwältigte ihn als *Land, das mit aller denkbaren Schönheit und Anmuth prangt.* (120) Auf den Südseeinseln kamen dann noch die jungen verführerischen Frauen dazu, die *ganz nackt und in nicht geringer Anzahl* an Bord kamen und sich pantomimisch mit der Besatzung unterhielten, da ja eine verbale Verständigung nicht möglich war: Sie machten sich *sehr bald durch die unsittlichsten und unanständigsten Gebehrden und Pantomimen, mit denen sie ihre Reize anboten, verständlich.* (121) Von Kamtschatka aus kam er dann nach einer abenteuerlichen Durchquerung Sibiriens 1808 in Petersburg an. Hier ging es Schlag auf Schlag für ihn: Er bekam die russische Nationalität, wurde geadelt, in die Akademie der Wissenschaften aufgenommen und zum kaiserlichen Hofrat ernannt. Bereits 1812 erschienen in Frankfurt seine „Bemerkungen auf einer Reise um die Welt in den Jahren 1803 bis 1807". Und im September 1812 erfüllte sich sein Traum: Der Zar ernannte ihn zu seinem Generalkonsul in Rio de Janeiro. Ein Amt, das er mit Engagement ausübte und in dem er zu dem bekannten Kommunikator Rios und zu dem verkannten Expeditionschef wurde. Zum einen, weil es zu großen Spannungen zwischen diesem standesbewussten, autoritären, aber auch bürokratischen und fordernden Vorgesetzten und seinen Mitreisenden kam, vor allem mit den blutjungen Zeichnern, die sich in erster Linie als Künstler verstanden, während er auf den Details für die Pflanzen- und Tierbilder bestand. Zum anderen wurden seine gigantischen Sammlungen, der Großteil der Zeichnungen und Aquarelle der ihn begleitenden Künstler, des Deutschen Johann Moritz Rugendas aus Augsburg und der beiden Franzosen Hercule Florence und Adrien Taunay, die wissenschaftlichen Untersuchungen und Verzeichnisse sowie die Tagebücher zwar nach Petersburg verschickt, aber dort bis 1930 vergessen. Langsdorff selbst durfte nach seiner schweren Erkrankung und seinem bleibenden Gedächtnisverlust mit Erlaubnis des Zaren 1829 seinen Posten in Rio verlassen. Er starb erst viele Jahre später mit achtundsiebzig Jahren in Freiburg. (122) Ein großer Naturforscher, das war er. Eines Goethe würdig. Leider geriet er in Vergessenheit. Erst in den letzten Jahrzehnten hat die Forschung begonnen, über ihn zu arbeiten. (123)

Dass Goethe sich immer wieder mit Lateinamerika und der Südsee beschäftigte, haben besonders die Kapitel drei und vier gezeigt. Aber welches Bild legte er in diese Länder hinein, welche Utopie stand dahinter?

„Ein grandioses, freies, weites Land“

Goethes Lateinamerika- und Südseebild (1)

Sie verstehen uns nicht, sie verstehen uns einfach nicht und sehen immer noch in uns den Mann mit Strohhut, Gitarre, Schnauzer und Revolver, (2) stöhnte einmal Gabriel Garcia Marquez. Und meinte damit uns heutige Europäer. Ganz Unrecht hatte er damit nicht. „Brasilien, Land der Zukunft“, nannte Stefan Zweig 1941 seinen Brasilienbericht und wurde mit seinem skizzierten Wunschbild ohne Rassenprobleme dem riesigen Land so gar nicht gerecht. Und Goethes Lateinamerika- und Südseebild, war das auch nur eine Utopie, eine Wunschprojektion? Was steckte hinter der grandiosen freien Weite, die er Brasilien bescheinigte? Ist seine Brasilienvorstellung auch für das übrige Lateinamerika repräsentativ?

Eins ist klar: Goethes Lateinamerikabild änderte sich im Laufe seines Lebens. Seine beiden Lieder „Todeslied eines Gefangenen“ und „Liebeslied eines Wilden“ aus dem Jahre 1782 versetzen uns in die Neue Welt mit ihren zwei Seiten: Auf der einen Seite ist die Schlange im Liebeslied verführerisch schön und auf der anderen wüten im Todeslied Menschenfresser. Die waren spätestens seit Montaignes „Des Cannibales“ eine gängige Vorstellung für die Neue Welt, abgesehen von den Brasilienbeschreibungen Hans Stadens und Jean de Lérys, die in der herzoglichen Bibliothek in Weimar vorhanden waren. Im Mai 1782 besuchte dann der berühmt-berüchtigte Abbé Raynal, Autor des damals bekannten und diskutierten Buches „Histoire philosophique des Indes“ (1770) Weimar. Mit dieser Geschichte „zweier Indien“ sind einmal Asien und zum anderen Lateinamerika und die Südsee gemeint. Raynal kritisiert im Geist der Aufklärung Tyrannei, Kolonialismus und Sklaverei. In sein Vezier geraten die Portugiesen, die Niederländer, die Spanier und Franzosen. Ein heiß umstrittenes Erfolgs-Buch, das 1780 das französischen Parlament verboten und in Paris öffentlich verbrannt hat. Der Abbé setzte sich nach Deutschland ab, wurde in Weimar gefeiert und fand schließlich Zuflucht bei Friedrich dem Großen. Dieser Abbé scheint den Weimarianern den Kopf verdreht zu haben. Jedenfalls gründeten sie zusammen mit Goethe eine Lesegesellschaft, die sich dreimal pro Woche traf und das Buch Raynals las und diskutierte. (3) Das wird gewirkt und ihnen eine andere Sicht auf die Neue Welt gegeben haben, auch wenn Goethe damals noch sein Todeslied, vielleicht zur Belebung des Lesezirkels, geschrieben hatte, wie Schneider vermutet. (4) Auch wenn der französische Abbé die provozierende Frage stellte, ob diese Menschenfresserei überhaupt strafbar sei, wenn sie sich nur auf die gemachten Gefangenen beziehe.

Ein Meinungswechsel, der Zeit brauchte und langsam verlief, wie Schillers Brief an Goethe vom 26. Januar 1798 zeigt: Erst nach der Lektüre von Büchern wie Niebuhrs „Reise nach Syrien und Ägypten" sehe man so recht, *welche Wohltat es bei alledem ist, in Europa geboren zu sein. Es ist doch wirklich unbegreiflich, dass die belebende Kraft im Menschen nur in einem so kleinen Teil der Welt wirksam ist, und jene ungeheuren Völkermassen für die menschliche Perfektibilität ganz und gar nicht zählen. Besonders merkwürdig ist es mir, dass es jenen Nationen und überhaupt allen Nicht-Europäern auf der Erde nicht sowohl an moralischen als an ästhetischen Anlagen gänzlich fehlt.* (5)

Bei Goethes Überwindung der Menschenfresser-Klischees spielte bestimmt neben Abbé Raynal seine Lektüre Forsters, Wieds und Martius' eine Rolle: Forster setzte sich für die Abgrenzung der „Wilden" ein, um ihre Identität zu wahren und sie vor schädlichen europäischen Einflüssen zu schützen. Das setzte Toleranz voraus. Wied dagegen sah ihre Assimilierung kommen, da sich die Europäer immer weiter auf ihren Gebieten ausbreiteten. Martius erlaubte sich eine schnelle „Zwangsassimilierung" mit der missglückten Verpflanzung einiger Indianer nach München. Das waren große Denkanstöße für Goethe. Der baute im Alter auf Duldung des Anderen, auf Anerkennung seiner besonderen Identität. Im Menschengeist und Universum sei nichts unten oder oben, sondern alles habe gleiches Recht. (6) Eine Auffassung, die sich von seiner gegenüber Martius geäußerten Überzeugung ableitete, dass wir von mehreren Urväter-Paaren abstammen. Klima und Lebensraum sorgten dann für weitere Unterschiede. (7) Und die galt es zu tolerieren. Was dann besonders einfach fiel, wenn die Anderen auch noch schöner waren als wir. (8) Eine Toleranz, die sich aber in der offiziellen Rassenlehre eines Christoph Meiners (1747–1810), dessen Werk aus dem Jahre 1785 „Grundriss der Geschichte der Menschheit" Goethe kannte, (9) nicht widerspiegelte: Der bewertete die Unterschiede, so wie de Buffon oder Linné, der den weißen sanguinischen Europäern die gelben melancholischen Asiaten, die schwarzen schlaffen Afrikaner und die roten cholerischen Indianer gegenüberstellte. Charles Darwin, mit dem sich Goethe bereits im November 1810 beschäftigt hatte, (10) reiste zwischen 1831 bis 1836 mit der Beagle um die Welt. Er veröffentlichte erst 1859 sein Hauptwerk „On the Origins of Species", in dem er die Theorie der Anpassung an den Lebensraum durch Variation und Selektion vertrat.

Zu achten waren also die Indianer für Goethe, wenn sie auch auf einer anderen Entwicklungsstufe standen. Bleibt zu fragen, welche weiteren Vorstellungen sich Goethe von der Neuen Welt machte. Ob sie lediglich ein Sehnsuchtsort, ein zauberhafter Garten Eden voller Lebensgenuss, freier Liebe und edler Wilder war, so wie Louis A. de Bougainville (1729–1811) die Insel Tahiti beschrieb und wie Paul Gauguin sie in seinen farbenprächtigen Bildern verklärte, oder ob er damit eine soziale Utopie verband wie Thomas More (1478–1535) in seiner „Wunderbarlichen Insel Utopia". Die dritte Variante, die Insel als Eiland der Sträflinge wie zum Beispiel die Teufelsinsel vor der Küste von Französisch-Guyana, die fast hundert Jahre französische Strafkolonie war, schied bei ihm aus.

Inselglück, das ihn beeinflussen konnte, das hatte Goethe in Italien ja selbst erlebt: Besonders die Inseln im Lago Maggiore hatten ihn fasziniert. Die geheimnisvolle Mignon aus dem „Wilhelm Meister" stammt von der Isola Madre und sein „Fasanentraum" soll auf diese Insel zurückgehen:

> *Es träumte mir nämlich: ich landete mit einem*
> *ziemlich großen Kahn an einer fruchtbaren,*
> *reich bewachsenen Insel, von der mir bewusst*
> *war, dass daselbst die schönsten Fasanen*
> *zu haben seien.* (11)

Sizilien deutete für ihn nicht nur in die Ferne, nach Afrika und Asien, sondern die Insel selbst bezauberte ihn stark: *Ein weißer Glanz ruht über Land und Meer, und duftend schwebt der Äther ohne Wolken.* (12) Seinen Tasso ließ er stellvertretend für sich zu Sizilien sagen: *Ich halte mich am liebsten auf der Insel der Poesie in Lorbeerhainen auf.* (13) Italiensehnsucht pur. Die löste auch später Capri, die Insel mit dem „blauen Wunder" am Golf von Neapel, bei vielen deutschen Autoren wie Rilke oder Fontane aus, mit einer späteren Ausnahme: Bertolt Brecht sah in ihr nichts weiter als *verfluchte blaue Limonade.* (14) Die Dominikanische Republik wirkte dagegen auf Hilde Domin, die vor dem Antisemitismus 1938 auf die Antilleninsel geflohen war, so stark, dass sie den Schriftstellernamen Domin annahm. Nicht zu vergessen Orplid, das Fantasieland von Eduard Mörike (1804–1875) und seinem Studienfreund, das die Beiden 1825 irgendwo zwischen Neuseeland und Südamerika verorteten. Ein Arkadien, dessen Titel „Du bist Orplid, mein Land" den Leser anregt, sich auf diese Insel zu versetzen. Ebenfalls nicht zu vergessen die „Venusinsel Kythera", die vom 15. bis 19. Jahrhundert als Metapher für die wahre Liebe galt und die Antoine Watteau 1718 gemalt hat. Wirklich viele Anregungen und Verführungen, um die Südsee und auch Lateinamerika für einen Garten Eden zu halten.

Auf der anderen Seite stehen aber die sozialkritischeren Inselbilder, die sich positiv von der europäischen Gesellschaft abheben sollen. Allen voran „Utopia" von Thomas More, das auf Betreiben von Erasmus von Rotterdam 1516 auf Lateinisch und 1524 auf Deutsch veröffentlicht worden ist. Ein Werk, das einer ganzen Gattung seinen Namen gegeben hat. Entscheidend ist die Gegenüberstellung der europäischen Misstöne und Probleme seiner Zeit mit dem idealen Staat

Utopia, mit seiner sozialen Gleichheit und Besitzlosigkeit, mit seinem Bildungsstreben und seiner Arbeitsamkeit. Später hat More jedoch erklärt, dass er nicht an die Realisierung dieser so wünschenswerten idealen Gesellschaft glaube. Erwähnenswert auch die „Città del sole", die Sonneninsel des Dominikaners Tommaso Campanella (1568–1693). Die Solarier leben in einem kommunistischen Idealstaat, ohne Ehe und Familie, Institutionen, die nach dem Mönch das Privateigentum unterstützen. Das Individuum bedeutet nichts, die Gemeinschaft alles. Die „Insel Felsenburg" von Johann Gottfried Schnabel hat Goethe bereits als Junge während seiner ersten Frankfurter Jahre verschlungen. Ein Schiffbrüchiger hat hier einen patriarchischen frühaufklärerischen, pietistisch geprägten Staat auf einer einsamen Südsee-Insel aufgebaut, ein irdisches Paradies. Eine idealistische Gegenwelt zu dem mit Problemen beladenen Europa.

Nach genau diesem Schema der „Insel Felsenburg" bzw. der More'schen Utopia baute Goethe 1827 im Alter sein Gedicht „Den Vereinigten Staaten" auf:

Amerika, Du hast es besser
Als unser Kontinent, das alte,
Hast keine verfallene Schlösser
Und keine Basalte.
Dich stört nicht im Innern,
zu lebendiger Zeit,
Unnützes Erinnern
Und vergeblicher Streit.
Benutzt die Gegenwart mit Glück!
Und wenn nun eure Kinder dichten,
Bewahre sie ein gut Geschick
Vor Ritter-, Räuber-, und Gespenstergeschichten. (15)

Die Schablone Schnabels und More's wird perfekt angewandt: Auf der Folie des alten Europa mit seinen Schwächen erstrahlt Amerika: Im Gegensatz zu dem alten Kontinent hat es keine Basalte, die für Goethe ein Symbol für Eruptionen und gewaltsame Revolutionen waren. Keine Verfallserscheinungen, keine strittige Erinnerungskultur und noch keine Schundliteratur. Im Gegenteil: Das Glück ist dort eingezogen. Aber nur in Goethes Gedicht. Die Realität sah anders aus: Abgesehen von sozialen Konflikten gab es in Nordamerika auch Basalte, das hatte Goethe übersehen. Vielleicht gerne darüber hinweggesehen. In seinem Faust 2 wird immerhin noch der Vulkanismus gleichberechtigt neben dem Neptunismus erwähnt: Thales, einer der beiden griechischen Philosophen, die in der Walpurgisnacht auftreten, erklärt: *Im Feuchten ist Lebendiges entstanden,* während Anaxagoras dagegenhält: *Durch Feuerdunst ist dieser Fels zu Handen.* (16) Zwei Erdentstehungstheorien, bei denen Goethe eindeutig votiert hat: Für den Neptunismus und gegen den Vulkanismus. Er war Anhänger von langsamen evolutionären Entwicklungen: *Ich hasse jeden gewaltsamen Umsturz, weil dabei ebensoviel Gutes vernichtet als gewonnen wird. Ich hasse die, welche ihn ausführen, wie die, welche dazu Ursache geben. … jedes Gewaltsame, Sprunghafte ist mir in der Seele zuwider, denn es ist nicht naturgemäß.* (17) Wenn schon ein gewaltsamer Einschnitt, dann werde der durch Gott kommen: *Ich sehe die Zeit kommen, wo Gott keine Freude mehr an ihr* (der Entwicklung der Menschheit) *hat, und er abermals alles zusammenschlagen muss zu einer verjüngten Schöpfung. Ich bin gewiss, es ist alles danach angelegt, und es steht in der fernen Zukunft schon Zeit und Stunde fest, wann diese Verjüngungsepoche eintritt.* (18) In seiner Revolutionskomödie „Die Aufgeregten" spiegelt sich seine Auffassung: *Ich schrieb es zur Zeit der französischen Revolution und man kann es gewissermaßen als mein politisches Glaubensbekenntnis jener Zeit ansehen,* (19) erklärte er Eckermann. Die gerade aus Paris zurückkommende Gräfin hat ihre Lektion verstanden: Man könne ein Volk wohl drücken, aber eben nicht unterdrücken. Revolutionen seien die Antwort auf die Ungerechtigkeiten der Fürsten: *Zu keiner … will ich mehr schweigen, und wenn ich auch unter dem Namen einer Demokratin verschrien werden sollte.* (20) Getadelt wurde jedoch Goethe: Börne nannte ihn einen *Freund des Bestehenden.* (21)

Zu der Ausformung seines Amerika-Bildes in seinem Gedicht „Amerika, Du hast es besser", hatten Goethe sicher die „Notes of Virginia" von Thomas Jefferson aus dem Jahre 1781, die er kannte, (22) angeregt. Jefferson plädierte hier für eine Farmer-Republik mit Schwerpunkt auf Familie und Community-Verband und gegen große Industriestädte. Seine Schlüsselbegriffe waren *Liberty, Property, Virtue* und *Happiness.* Und das bewusst im Gegensatz zu den lasterhaften Städten Europas. Die Monroe-Doktrin mit ihrer strikten Trennung der Neuen und der Alten Welt setzte dann 1823 noch eins drauf: „Amerika den Amerikanern" hieß das Motto, gefordert wurden die Existenz zweier politischer Sphären und das Prinzip der Nichteinmischung.

Auch in Goethes „Wanderjahren" kehrt das Gegensatzpaar Alte und Neue Welt wieder. Während seiner Wundarztausbildung kommen Wilhelm immer mehr Bedenken an dem Anatomic-Studium, das an menschlichen Leichen ausgeführt wird. Das habe etwas Entwürdigendes für die Toten und *Kannibalisches* (23) auf Seiten der Studenten. Freudig geht er daher auf das Studium und die Herstellung von entsprechenden anatomischen Holzmodellen ein. Diese werden aber in der Alten Welt abgelehnt und müssen daher in die Neue verschickt werden: *In der alten Welt ist alles Schlendrian, wo man das Neue immer auf die alte, das Wachsende nach starrer Weise behandeln will.* Unter solchen Voraussetzungen kann die Studienreform nur *in einer neuen Welt durchgeführt werden, wo der Geist Mut fassen muss zu einem unerlässlichen Bedürfnis neue Mittel auszuforschen, weil es an den herkömmlichen durchaus ermangelt. Da regt sich die Erfindung, da gesellt sich die Kühnheit, die Beharrlichkeit der Notwendigkeit hinzu.* (24) Anspruch ist bei diesen hölzernen Anatomiemodellen, dass diese Kunst zum Handwerk wird. Und das ist genau das, was Goethe für die Auswanderung in die Neue Welt forderte: Eine erstklassige Ausbildung in einem Bereich, die Verwendbarkeit weltweit garantiert: *Was die Welt heute braucht, in der Unsicherheit von Besitz und Erwerb, ist der einseitig Tüchtige und meisterlich Ausgebildete, der einem Ganzen dient.* (25) Das setzt natürlich einen langen Atem voraus: *Wer sich einer strengen Kunst ergibt, muss sich ihr fürs Leben widmen. Bisher nannte man sie Handwerk, ganz angemessen und richtig; die Bekenner sollten mit der Hand wirken, und die Hand, soll sie das, so muss ein eigenes Leben sie beseelen, sie muss eine Natur für sich sein, ihre eignen Gedanken, ihren eignen Willen haben, und das kann sie nicht auf vielerlei Weise.* (26) Als Gründe für die Auswanderung in die Neue Welt nannte Goethe in erster Linie die beginnende Industrialisierung und die Überbevölkerung, Wandlungen, denen die amerikanische Unabhängigkeit, die Französische Revolution und die Napoleonischen Kriege vorausgegangen waren: *Das überhand nehmende Maschinenwesen quält und ängstigt mich, es wälzt sich heran wie ein Gewitter, langsam, langsam; aber es hat seine Richtung genommen, es wird kommen und treffen.* (27) Und so schickte Goethe seinen Leonardo in seinen „Wanderjahren" aus dem alten Europa über den Ozean in die Neue Welt. Die andere Möglichkeit war, wie Odoardo auf kolonisiertem europäischem Brachland neu anzufangen. *Wo mir's wohlgeht ist mein Vaterland!* Das war vorbei. *Wo ich nütze ist mein Vaterland!* (28). Darum ging es Goethe.

Nein, der Bougainville'sche Garten Eden, der schwebte Goethe nicht vor. Er wünschte sich für die Neue Welt, für Nord- und Südamerika, sicher auch für die Südsee im Gegensatz zu dem maroden restriktiven Europa einen identitätsfördernden Kunsthandwerkerstaat, mit einem Handwerk, das sich als Kunst verstand, und mit einer Kunst, die vom Handwerk ausging. Ohne Revolution, ohne große Streitigkeiten und ohne Schundliteratur. Wenn es sein müsste, eine Republik wie die Farmerrepublik von Thomas Jefferson oder doch lieber eine aufgeklärte Monarchie, wie sie für Südamerika möglich schien und sich auch später unter dem brasilianischen Kaiser Don Pedro II. entwickelte. Ein Herrscher, der liebevoll als Oberlehrer der Nation bezeichnet wurde und Mitglied der bayrischen Akademie der Künste, einer Berliner Gesellschaft für Anthropologie und ein begeisterter Anhänger von Wagner und Bayreuth war.

Das war Goethes *grandiose, freie* und *weite* Neue Welt, dahin wäre er so gerne ausgewandert, wenn er noch jünger gewesen wäre. Darüber wusste er in seinem

Kreis so fesselnd zu berichten, dass die kapriziöse Gräfin Julie von Egloffstein, eine Malerin, die mit ihm in enger Verbindung stand und die er einmal als *inkalkulable Größe* bezeichnet hatte, Lust bekam auszuwandern. (29) Eine Tendenz zur Auswanderung, die er ja schon viel früher hatte, als er mit seiner Lili Schönemann nach Amerika ausreißen wollte.

Goethe stand mit seinem Bild der Neuen Welt auf der Seite Thomas More's bzw. Johann Gottfried Schnabels. Ob er seine Vorstellungen als Utopie sah? Ganz sicher ja, denn er wusste, dass Dampfmaschinen *nicht zu dämpfen* (30) waren.

Diese Sozialutopie Goethes hat über den Lesezirkel nachhaltig das Bild Weimars über die Neue Welt geprägt. Zusammen mit den Beständen zur Reiseliteratur der herzoglichen Bibliothek und Goethes eigener Bibliothek mit ihrem Schwerpunkt auf Südamerika. Vertreten durch Werke von Georg Forster, Alexander von Humboldt, Wilhelm von Eschwege, John Mawe, dem Prinzen Wied zu Neuwied, Nees von Esenbeck, den Österreichern sowie von Spix und Martius. Nicht zu vergessen die Kunstsammlungen Karl Augusts mit ihren Kostbarkeiten aus Lateinamerika. Selbst Goethes eigene Sammlung enthält zahlreiche Steine und Diamanten aus Brasilien. Auch ethnographische Stücke wie einen Kopfschmuck eines Indianers, eine lateinamerikanische Hängematte und das Aquarell eines brasilianischen Mumienkopfes. Auch der lateinamerikanische Stempel, den einige seiner Werke tragen, die im nächsten Kapitel vorgestellt werden, wird die Neugierde der Weimarer erhöht haben.

Goethe der „Brasilianer": Spätestens jetzt leuchtet dieser Ehrentitel ein, den Ernst Feder Goethe zu seinem 200. Geburtstag in Rio de Janeiro 1949 verlieh. Und Schneiders Bezeichnung von Goethes Bibliothek als „Brasilienbibliothek". (31) Noch treffender wäre aber die Bezeichnung Goethe der „Lateinamerikaner", jedenfalls wenn wir an seine ausführliche Beschäftigung mit Alexander von Humboldt denken. Das Weimar der damaligen Zeit kann nicht nur als Brasilien-Sammelstelle, sondern auch als Lateinamerika-Zentrum gelten.

Die schon längst bekannte Reisebeschreibung der beiden würdigen Forscher, Herren von Spix und von Martius, München 1823, gab uns vielfach willkommene Localansichten einer großen Weltbreite, grandios, frei und weit; sie verlieh uns die mannigfaltigsten Kenntnisse einzelner Vorkommenheiten, und so ward Einbildungskraft und Gedächtnis vollkommen beschäftigt. Und unter Einbeziehung von Martius' „Palmenwerk" und seiner „Physiognomik der Pflanzen" fuhr Goethe fort: *Und so empfinden wir uns, den Kreis obgedachter Druckschriften durchlaufend, in einem weit entlegenen Welttheile durchaus als anwesend und einheimisch.* (32) Eine Einschätzung, die ebenso für ganz Lateinamerika gilt.

„Er brauchte diesen schönen Bissen bei mir als Lockspeise“ (33)

Bilder zu Lateinamerika

Der Köder, den Goethe hier im Oktober 1828 gegenüber Eckermann erwähnte, bezog sich auf das Portrait der attraktiven Münchener Schauspielerin von Hagen, das der Hofmaler Joseph Karl Stieler des bayrischen Königs Ludwig I. ihm geschenkt hatte, um ihn dazu zu bewegen, ihm Modell zu sitzen. Ein voller Erfolg, denn Goethe hoffte, *dass auch jetzt unter seinem Pinsel ein Engel entstehen würde, indem er den Kopf eines Alten malte.* (34)

Er legte immer viel Wert auf das Visuelle und hatte Freude an Portraits. (35) Schließlich war ja das Auge *vor allen anderen das Organ, womit ich die Welt fasste.* (36) Und dass die Forscher *vor lauter Gelehrsamkeit und Hypothesen nicht mehr zum Sehen und Hören kommen,* (37) genau das warf er ihnen vor.

Unsere Bilder beziehen sich auf vier Themen, den Tropenwald, die Indianer, die mit der Neuen Welt verbundene Sozialutopie und die Kritik an dieser Welt.

Das Tropenwald-Ölbild von Johann Moritz Rugendas lenkt den Blick auf eine Lichtung, in der zwei nackte Indianer am offenen Feuer kochen, ein Indianer daneben auf dem Boden sitzt und ein vierter in einer Hängematte auf die Mahlzeit wartet. Der Wald ist nicht dunkel und abstoßend, sondern entspricht mit der Fokalisierung auf die helle Lichtung eher den überwiegend romantischen Waldvorstellungen des damaligen Publikums. Rugendas begleitete die Expedition Georg Heinrich von Langsdorffs zwischen 1822 und 1824 und bereiste später diesen Kontinent von Mexiko bis in den tiefen Süden nach Argentinien und Chile. Ein ganz großer Maler war er für Alexander von Humboldt, für den mit Rugendas eine neue Ära der Landschaftsmalerei begonnen hatte. (38)

Die erste Indianerzeichnung Rugendas‘ thematisiert das Zusammentreffen von europäischen Reisenden mit Puri-Indianern. Die untere Skizze idealisiert den Indianer im Vordergrund: Er trägt klassische Züge. Die obere Zeichnung dagegen gibt den Indianern einen brutalen, fast hinterhältigen Gesichtsausdruck. Eine Anspielung auf ihre schwierigen Lebensbedingen und ihre Probleme mit den Europäern?

Ihren täglichen Kampf mit wilden Tieren zeigt das zweite Indianerbild von Rugendas: Eine junge Mutter mit einem Kleinkind auf dem Arm und einem auf dem Rücken versucht, sich zusammen mit einem dritten Kind vor einem Jaguar zu retten. Vier Indianer schießen ihre Pfeile auf das Tier ab.

Kämpfe zwischen Weißen und Indianern beschreibt die nächste Zeichnung, ebenfalls von Rugendas. Die Weißen scheinen mit ihren Feuerwaffen weit überlegen zu sein und die Indianer in die Flucht zu treiben.

Bei den Mundurucú-Indianern von Hercule Florence, auch ein Zeichner der Langsdorff'schen Brasilien-Expedition, fallen die Körperbemalungen besonders auf. Die wurden ihnen von den Missionaren verboten, genauso wie das Tanzen, Singen, Rauchen und die Begräbnisrituale. Ihre Gemeinschaft, ihre Geschichte und ihr Glaube wurden ihnen damit geraubt. Dass sie in dem brasilianischen „Indianerstatut" von 1973 als beschränkt handlungsfähig bezeichnet wurden, als Menschen, die von der Indianerbehörde „Funai" bevormundet werden sollten, wundert nicht mehr.

Auch nicht, dass einige Indianerkinder von Spix und Martius ihren Eltern abgekauft und nach München verschleppt wurden, wie Juri und Miranha. Sie stammten ja „nur" von einem Kannibalenstamm. Die Beiden wurden auf die Namen Johann und Isabella getauft und erregten große Aufmerksamkeit in München. Selbst die bayrische Königin kümmerte sich um sie. Und trotzdem: Sie blieben in der neuen Umgebung teilnahmslos, konnten sich nicht anpassen und starben nach kürzerer Krankheit im Juni 1821 und Mai 1822. Die Grabplatte von Johann Baptist Stiglmaier, einem bedeutenden bayrischen Erzgießer, benennt den Grund: Der Nordwind „Borea" hatte sie mit seinem eisigen Atem angeweht und getötet. Eine Tragödie, über die auch ihre Idealisierung durch Stiglmaier nicht hinwegtäuscht.

Unterdrückt und häufig vernichtet, das wurden die Indianer. Aber auch gefürchtet, wie der „Frauenraub", ein Ölbild von Rugendas, beweist. Die Weiße liegt ohnmächtig vor einem Araukaner, der versucht, sie für sich zu gewinnen. Vor allem Indianerfrauen beobachten neugierig das Schauspiel. Ein erotischer Reiz und Schauder ging sicher damals von dieser Art Bilder aus.

Die Zeichnung „Indianer in einer Pflanzung" von Rugendas erinnert an die mit Lateinamerika verbundene Sozialutopie: Eine kleine Gruppe Indianer erntet in einer Bananenplantage. Eine zweite Gruppe wird freundlich vor dem Farmhaus von Weißen empfangen und mit Getränken versorgt. Schwarze verteilen offenbar Lebensmittel. „Brasilien, ein Land der Zukunft" nannte Stefan Zweig 1941 sein Buch über dieses Land. Ein Wunschbild ohne Rassenkonflikte, das in dem Zusammengehen der Indianer, Schwarzen und Weißen auf dem Bild bereits verwirklicht scheint. Dabei sind offenbar alle einverstanden mit ihrem Leben und ihrer Arbeit.

Die Wiederentdeckung des entlaufenen Sklaven des nordfriesischen Dichters und Malers Paul Harro Harring (1798–1870), das letzte Bild, holt dagegen wieder die Realität mit ihrer gnadenlosen Ausbeutung der schwarzen Sklaven und ihrer Verdrängung und Ausmerzung der Indianer ein.

Johann Moritz Rugendas, Tropenlandschaft in Brasilien, 1831

Johann Moritz Rugendas, Treffen von Indianern mit europäischen Reisenden, o.J.

Johann Moritz Rugendas, Indianer schießen Pfeile auf einen Jaguar ab, o.J.

Johann Moritz Rugendas, *Kämpfe zwischen Weißen und Indianern, Minas Gerais, 1822–1825*

Hercule Florence, Mundurucú-Indianer, o.J.

Bild oben: Johann Baptist Stiglmaier, Grabplatte von Juri und Miranha, 1824

Bild unten: Johann Moritz Rugendas, Indianer in einer Pflanzung, o.J.

Johann Moritz Rugendas, Der Frauenraub von Trinidad Salcedo, ca. 1836

Paul Harro Harring, der Brasilianer erkennt den flüchtigen Sklaven wieder, 1840

„Sie werden gewiss freundlich aufnehmen, dass Ihr Name von schönen Lippen ausgesprochen wird“ (1)

Der Einfluss Lateinamerikas und der Südsee auf Goethes literarisches Werk

Mit den *schönen Lippen* bezog sich Goethe auf Ottilie in seinen „Wahlverwandtschaften“, als er im Oktober 1809 diesen Roman an Alexander von Humboldt schickte. Ottilie hatte ja ihrem Tagebuch anvertraut, wie gerne sie einmal Humboldt zuhören würde. (2) Hätte der geahnt, dass er der einzige Reiseforscher ist, den Goethe namentlich in seinem literarischen Werk erwähnte, dann hätte er sich sicher noch weit mehr geschmeichelt gefühlt. Ottilie nannte aber in einem Atemzug auch ihre Bedenken gegen die von Humboldt bereisten exotischen Länder, die den Charakter der Menschen veränderten. Ein erstes Beispiel für den lateinamerikanischen Einfluss auf Goethes Werk.

Es ist keine Frage, dass ein Weltentdecker oder Weltumsegler wie Cook einen schönen Stoff zu einem epischen Gedichte entweder selbst abgeben oder doch herbeiführen könnte, (3) schrieb Schiller im Februar 1798 an Goethe. Eine Auffassung, die Goethe mit Sicherheit teilte, besonders wenn man daran denkt, wie stark die dritte Schweizer Reise mit ihren stofflichen Anregungen seine literarische Produktion beflügelte: *Wenn ich Ihnen nun von meinem Zustande sprechen soll, so kann ich sagen, dass ich bisher mit meiner Reise alle Ursache habe zufrieden zu sein, bei der Leichtigkeit, die Gegenstände aufzunehmen, bin ich reich geworden ohne beladen zu sein, der Stoff inkommodiert mich nicht, weil ich ihn gleich zu ordnen oder zu verarbeiten weiß.* (4) Gründe, die weitere lateinamerikanische Einflüsse erhoffen lassen. Auch die Erwartungen der damaligen Leser sprechen dafür, die schon leidenschaftlich über die biografischen Züge des „Werther“ spekuliert hatten, also in der Literatur das reale Leben entdecken wollten. Und für eine solche Suche boten sich ja geradezu die abenteuerlichen Weltumsegler und Reiseforscher an. *Wer aber nicht eine Million Leser erwartet, sollte keine Zeile schreiben,* (5) meinte Goethe zu Eckermann. Um die zu erreichen, sind lateinamerikanische exotische Spiegelungen sicher hilfreich.

Alle meine Gedichte sind Gelegenheitsgedichte, sie sind durch die Wirklichkeit angeregt und haben darin Grund und Boden. Von Gedichten, aus der Luft gegriffen, halte ich nichts.(6) Auch dieser Blick in Goethes Werkprozess bestätigt bei seinen vielen Kontakten zu Reiseforschern und seiner häufigen Lektüre von

Reiseberichten weiter die Vermutung, dass Lateinamerika in seiner Literatur vorkommen muss. Seine jungen Kollegen kanzelte er dagegen ab: Sie schrieben vorwiegend über die Leiden im Diesseits und die Freuden im Jenseits, sie machten den Lesern alles andere als Mut für die heutige Welt, sie schrieben als seien sie krank *und die ganze Welt ein Lazarett.* Um sie zu ärgern, nannte er ihre Poesie die *Lazarettpoesie.* (7)

Die heldischen Entdecker und Weltumsegler dagegen, die lassen bestimmt keine „Lazarettpoesie" entstehen. Machen wir uns auf die Suche nach ihnen in Goethes Werk, ganz nach dem Motto Honoré de Balzacs, der seinen Kritikern gedroht haben soll: *Warten Sie nur, wir werden uns in meinem nächsten Roman wiedersehen!* (8)

Die Wahlverwandtschaften

Es ist in den „Wahlverwandtschaften" überhaupt keine Zeile, die ich nicht selber erlebt hätte, und es steckt darin mehr, als irgendjemand bei einmaligem Lesen aufzunehmen imstande wäre, (9) erklärte Goethe seinem Eckermann im Februar 1829. Dass sein Mentor Alexander von Humboldt sogar namentlich erwähnt wird, wundert nicht, wenn man um seine enge Beziehung zu ihm weiß.

Eduard und Charlotte, zwei der vier wichtigen Schachfiguren aus den „Wahlverwandtschaften", hatten beide Vernunftehen ohne Liebe geschlossen. Nach dem unverhofften Tod ihrer Partner folgte der nächste Zug: Die Beiden, die als junge Leute stark ineinander verliebt waren, glaubten endlich, ein spätes Glück realisieren zu können: Sie heirateten und lebten auf den Gütern Eduards. Garten- und Parkpflege wechselten sich mit Musik und Lektüre ab. Den schalen Beigeschmack, der sich bald ankündigte, versuchten sie zu verdrängen: Eduard mit der Einladung seines Freundes, des Hauptmanns, Charlotte konterte mit Ottilie. Ein neues Spiel entstand: Mit den wachsenden Affinitäten Eduards zu Ottilie und Charlottes zu dem Hauptmann. Neigungen, die dann einen ersten Gipfel in dem vorgestellten Ehebruch im Ehebett von Eduard und Charlotte fanden, die bei ihrem Liebesakt eben nicht beieinander, sondern ehebrecherisch bei ihren heimlichen Lieben waren. Und das Verblüffende: Der danach geborene Sohn ähnelte Ottilie und dem Hauptmann. Ottilie erschrak nicht wenig über seine *offenen Augen: denn sie glaubte, in ihre eigenen zu sehen, eine solche Übereinstimmung hätte jede überraschen müssen. Mittler … stutzte gleichfalls, indem er in der Bildung desselben eine so auffallende Ähnlichkeit, und zwar mit dem Hauptmann erblickte, dergleichen ihm sonst noch nie vorgekommen war.* (10) Kurz vor dem ersehnten Schachzug, der Scheidung Eduards und Charlottes und der Vereinigung der Liebenden, geschah die Katastrophe: Ottilie verunglückte mit dem Neugeborenen auf einem Weiher, und der Kleine ertrank. Eine neue Hürde stellten jetzt ihre Schuldgefühle dar. Die magische überstarke Anziehungskraft zwischen Eduard und Ottilie löste sich trotzdem nicht, obwohl sie nicht mehr zusammenkommen konnten. Sie starben beide kurz hintereinander. Charlotte und der Hauptmann schafften es dagegen, diese naturhaften Zwänge zu beherrschen.

Ich habe viel hineingelegt, manches hinein versteckt, (11) da hat Goethe wirklich recht. Versuchen wir das Rätsel zu lösen und zu erkennen, was das alles mit den Reiseforschern zu tun hat. Abgesehen von Ottilies Nennung Humboldts und der Anziehungskraft der Neuen Welt, aber auch der Andeutung ihrer Gefahren, hat die Figur des Hauptmanns ebenfalls viel mit Humboldt zu tun: Er begleitete Eduard auf dessen Wanderungen so wie Humboldt Forster nach England. Er führte genauso wie Humboldt ein Tagebuch, hatte große naturwissenschaftliche Kenntnisse und eine beeindruckende Tatkraft, die in seiner Leitung der landschafts-architektonischen Arbeiten auf Eduards Gütern zum Ausdruck kommen. Und vor allem: die Ratio überwog bei ihm, er wusste seine Leidenschaften zu zügeln. So wie Humboldt!

Der englische Lord und Weltreisende, der Charlotte und Ottilie mit seinen Reisebildern auf Gedankenreisen schickte, erinnert in seiner Heimatlosigkeit an Forster. Aber auffallender noch: Goethe ließ sich von dem „Mainzer Forster-Quartett“ zu dem „Ehebruch“ im Ehebett seiner Wahlverwandtschaften animieren. Und auch von Christoph Martin Wielands „Freundschaft und Liebe auf Probe“, einer Novelle, die wie in einem chemischen Experiment von einem Quartett mit Liebestausch und Rücktausch handelt.

Von seinen „Wahlverwandtschaften“ sagt er, dass darin kein Strich enthalten, der nicht erlebt, aber kein Strich so, ‚wie‘ er erlebt worden, (12) notierte Eckermann im Februar 1830. Da kann man Goethe nur zustimmen, denn das Quartett hatte er in Mainz bei seinem ersten Besuch 1792 im Hause der Forsters selbst erlebt. Das hat er dann literarisch umgeformt zu der doppelten Untreue im Ehebett.

Herrmann und Dorothea

„Herrmann und Dorothea“ ist fast das einzige meiner größeren Gedichte, das mir noch Freude macht; ich kann es nie ohne innigen Anteil lesen. (13) Eine bemerkenswerte Äußerung Goethes vom Januar 1825, also weit über fünfundzwanzig Jahre nach der Veröffentlichung dieses Gedichtes, denn er war dafür bekannt, dass er seine eigenen Bücher eigentlich nicht wieder las. Warum diese Ausnahme? Weil seine idyllisch-epische Dichtung aus neun Gesängen nach dem

Werther sein zweiter großer Erfolg war? Weil es ein beliebtes Hochzeitsgeschenk geworden war?

Möglicherweise ist die Verherrlichung des Seehelden aus dem neunten Gesang der Grund: *Niemals tadel ich den Mann, der immer tätig und rastlos / Umgetrieben das Meer und alle Straßen der Erde kühn und emsig befährt.* (14) Gemeint sind wohl die Weltumsegler und Reiseforscher, gemeint ist wohl in erster Linie Georg Forster, besonders wenn man an den sechsten Gesang denkt, in dem der Freiheitsheld besungen wird. Ein junger, idealistischer Mann, den der erste Impuls der Schaffung gerechterer Verhältnisse nach Paris verschlagen hatte, wo er bald den Tod fand. Genauso wie Georg Forster, den Goethe ja aus seinen Treffen in Kassel, Weimar und Mainz recht gut kannte. Und die erzählte Geschichte seines Gedichtes, die hatte Goethe bei seiner Teilnahme an der Kampagne gegen Frankreich 1792/93 in groben Zügen persönlich beobachten können, wenn er auch eine Chronik über die Vertreibung der Protestanten aus Salzburg mitbenutzte. (15)

Die Geschichte spielt in den Revolutionswirren in einer rheinischen Kleinstadt, in die Deutsche von der anderen Rheinseite vor den anrückenden Franzosen geflüchtet sind. Herrmann, der aufrechte Sohn des Wirtes vom „Goldenen Löwen", stößt auf die junge und hübsche Flüchtlingsfrau Dorothea, die sich altruistisch um ihre Nächsten kümmert, sogar Mädchen vor drohender Vergewaltigung geschützt und Kinder mit der Waffe vor Plünderern verteidigt hatte. Es kommt wie es kommen musste: Die Beiden verlieben sich ineinander, aber der saturierte Wirt wehrt sich gegen ein Flüchtlingsmädchen als Frau seines Sohnes. Jedoch nur zunächst, dann lässt er es zu einem Happy End kommen. Im neunten Gesang erinnert Dorothea dann noch einmal an ihren ersten Verlobten, der im Pariser Freiheitskampf sein Leben verloren hatte. Wichtig wird, dass Goethe die Revolution zwar immer noch als schrecklichen Vulkanausbruch erlebte, aber auch als Chance für einen Neubeginn, abgesehen von dem geschilderten Idealismus des jungen Freiheitskämpfers.

„Herrmann und Dorothea" konnte und kann also aus verschiedenen Perspektiven gelesen werden: Aus konservativer Sicht, die die Revolution grundsätzlich ablehnt. So wie sich Fürst Putjatin bei Goethe gegen die aufmüpfigen „Räuber" wehrte: *Wäre ich Gott gewesen, … im Begriff die Welt zu erschaffen, und ich hätte in dem Augenblick vorausgesehen, dass Schillers ‚Räuber' darin würden geschrieben werden, ich hätte die Welt nicht erschaffen.* (16) Oder aus Revolutionssicht, die sich mit dem geschilderten Freiheitskämpfer und Märtyrer identifiziert. Oder auch aus der Perspektive der geschilderten Idealmenschen Herrmann und Dorothea und den verklärten idyllisch-kleinbürgerlichen Zuständen. In die konnte man sich gut versetzen.

Gründe, die den Erfolg erklären, nicht aber das hohe Honorar, das Goethe erzielte. Mit einem Trick: Er hinterlegte bei dem Verleger Vieweg seine Honorarvorstellung. Böte der weniger, würden die Verhandlungen abgebrochen. Bei einem höheren Angebot wäre das zu zahlen. Tausend Taler in Gold hatte Goethe gefordert, damals eine horrende Summe. Aber genau diesen Betrag hatte der Verleger angeboten. Und er bekam das Gedicht, das sich schnell zum Verkaufsschlager entwickelte. *In Herrmann und Dorothea habe ich den Deutschen einmal ihren Willen getan und nun sind sie äußerst zufrieden.* (17) Da kann man Goethe wirklich nur zustimmen.

Reise der Söhne Megaprazons

Ein *wunderbares Werk, durchaus abenteuerlich und märchenhaft,* das sollte die Fragment gebliebene Erzählung aus dem Jahre 1792 nach Goethe werden. (18) Und das ist ihm auch gelungen:

Sechs Brüder segeln im Auftrag ihres Vaters durch die Südsee – auf der Jagd nach Inseln, die ihr Ururgroßvater einst entdeckt hatte. Inseln, die die großen Weltumsegler, die bereits alle Ozeane durchpflügt hatten, auf ihren Karten allerdings nicht verzeichnet hatten. Das Eiland der Papimanen ist ihre erste Wiederentdeckung: *Glückliches Land! … wohlversorgtes, wohlbelohntes Volk! Glückliche Reisende, die in diesem irdischen Paradiese eine gute Aufnahme finden.* (19) Begeisterter als die sechs Brüder kann man diesen Sehnsuchtsort nicht beschreiben. Die Menschen sind wohltätig und fromm, das Land quillt zu jeder Jahreszeit vor Obst, Gemüse, frischem Wasser und Wein über. *Ein kleiner Himmel, ein Elysium, ein Wohnsitz der zierlichsten häuslichsten Götter,* (20) das ist die Insel für die Brüder.

Aber Paradies und Hölle liegen eng beieinander: Die Nachbarinsel gilt als unfruchtbar, verwünscht und soll von bösen Geistern bewohnt sein. Aber nur eine Tagesreise weiter wartet auf sie die schöne Insel der Monarchomanen, die aus einer sagenhaften Königsresidenz, einer äußerst fruchtbaren Terrassenküste und dem größten dritten Teil, einer ertragreichen Ebene, besteht. Hier erinnert alles an Thomas Jeffersons Farmgesellschaft, freilich nicht als Republik, sondern als Monrachie organisiert: Die Landbevölkerung der Ebene hatte das Recht, einen Teil ihrer Ernten zu behalten. Sie durften sich allerdings nie ganz satt essen, eine Maßnahme, die ihren Appetit wachhielt und ihre Arbeitslust anstachelte. *Und so war diese Insel die glücklichste von der Welt.* (21) Aber die *paradiesische Glückseligkeit* (22) hatte einen Haken, den vulkanischen Ursprung der Insel. Der belebte zwar den Charakter der Einwohner, sorgte aber für die Spaltung der Insel in drei Teile, die nun *auf dem offenen Meer herumschwämmen, und von allen Stürmen wie ein Schiff ohne Steuer hin- und widergetrieben würden.* (23)

Die glückliche, monarchisch aufgebaute Landwirtschafts-Gesellschaft scheitert. Ein Zeichen für Goethes eigene Skepsis gegenüber seinem Wunschbild von der Neue Welt? Gegenüber seinem identitätsstiftenden Kunsthandwerkerstaat? Vielleicht grundsätzlich ein Zweifel an der Verwirklichung dieser Gesamt-Utopie, vielleicht auch nur an der Beibehaltung einer aufgeklärten Monarchie? Doch bei dem fragmentarischen Charakter dieser Erzählung ist keine abschließende Bewertung möglich. Seine Beschreibung der Papimanen-Insel als Garten Eden kann wohl nicht ernst genommen werden, auch wenn Goethe selbst im März 1828 Eckermann gegenüber äußerte: *Man sollte oft wünschen, auf einer der Südseeinseln als sogenannter Wilder geboren zu sein, um nur einmal das menschliche Dasein ohne falschen Beigeschmack, durchaus rein zu genießen.* (24)

Ein gelungenes Beispiel für den starken Einfluss der Neuen Welt auf sein Werk, das ist die „Reise der Söhne Megaprazons" in jedem Fall.

Wilhelm Meister

Und dieser Traum von Amerika, der geistert auch durch den ganzen Wilhelm Meister, durch die „Theatralische Sendung", die „Lehr"- und „Wanderjahre". Mehr noch, er gipfelt in den „Wanderjahren" in einem lebhaften *Trieb nach Amerika,* (25) und in einer hymnischen Preisung der Naturforscher: *Wir aber gedenken sogleich vollendeter, ausgezeichneter Männer, jener edlen Naturforscher, die jeder Beschwerlichkeit, jeder Gefahr wissentlich entgegen gehen, um der Welt die Welt zu öffnen und durch das Unwegsamste hindurch Pfad und Bahn zu breiten.* (26)

Der Theaterroman entstand zwischen 1776 und 1782, er wurde zu Goethes Lebzeiten nicht veröffentlicht und erst 1910 wiederentdeckt. Die „Lehrjahre" mit ihrer Absage an das Theater als Bildungsanstalt schloss Goethe 1796 ab. Die „Wanderjahre" mit ihrer Erweckung der Lebenserfahrung und geplanten Auswanderung des Wundarztes Wilhelm nach Amerika wurden 1821 veröffentlicht, die Endfassung erfolgte 1829.

Die Teilnahme an hervortretenden Einzelheiten, (27) diese Konzentration und Beschränkung war nach Goethe die angemessene Methode, die

„Wanderjahre" zu lesen. Der Grund war die offene Form des Buches, der Wechsel von Haupthandlung mit Novellen, Briefen, Betrachtungen, Gedichten und Aphorismen. Dass *dieses Werk übrigens zu den inkalkulabelsten Produktionen* gehörte, *wozu fast mir der Schlüssel fehlt,* (28) gab Goethe gegenüber Eckermann im Januar 1825 auch zu. Die fehlende Geschlossenheit setzt nach ihm voraus, dass der Leser selbst vervollständigt, was nicht *vollkommen ausgebildet* ist. (29) Und das war augenscheinlich eine Überforderung des Publikums, das bereits unter den „Lehrjahren“ gestöhnt hatte. Selbst Wilhelm von Humboldt kritisierte die vielen langweiligen Stellen, und Charlotte von Stein entrüstete sich über das Frauenbild, die sich alle anstößig verhielten. (30) Da half sicher der Protest des englischen Essayisten und Historikers Thomas Carlyle auch nicht weiter, der sich gegen die üble *Nachrede, dass keine wahre Edelfrau den ‚Meister‘ lesen dürfe,* gewandt hatte. Er brachte das Beispiel der letzten Königin von Preußen, *die sich mit dem Buche vertraut gemacht und die doch mit Recht für eine der ersten Frauen ihrer Zeit gelte.* (31) Bei der Thematik dieses Buches folgen wir Goethes Vorschlag und konzentrieren uns ganz auf einen Ausschnitt „Wilhelm Meisters“: Auf die Einflüsse der Neuen Welt auf die drei „Meister-Romane“.

Offen für die Welt, offen für Reisen mit ihrer belebenden und bildenden Wirkung, das ist der Wilhelm des Theaterromans: *Er war jung und neu in der Welt und sein Mut, in ihren Weiten nach Glück und Befriedigung zu rennen, durch die Liebe erhöht.* (32) Seine große Einbildungskraft und Phantasie ließ ihn *Luftschlösser* bauen und in die Abenteuer von Opern mit stürmischen Meeren fliehen. (33) Konkret an Lateinamerika erinnern nur der Kaffee und die Amazone. Der Kaffee erscheint als *Gift,* als *verderbliche Bohne,* die Halluzinationen hervorruft, Bilder, die an Dante erinnern und Wilhelm süchtig machen. (34) Auf Kriegsfuß stand Goethe mit diesem Elixier seit seinen Leipziger Tagen, der häufige Genuss verursachte ihm damals Verdauungsprobleme. Und Charlotte von Steins Meckereien über die Anfänge seiner Beziehung zu Christiane wischte er mit dem Hinweis weg, der Kaffee habe ihre *hypochondrischen Neigungen* (35) verstärkt. Ganz anders die Wirkung der rettenden Amazone, die Wilhelm nachhaltig fesselte: *Er sah die schöne Amazone reitend aus den Büschen hervorkommen, sich ihm nähern, absteigen, sich bemühen, hin und wider gehen, er sah das umhüllende Kleid von ihren Schultern fallen, ihr Gesicht, ihre Gestalt glänzen und verschwinden.* (36) Die magische Suchtwirkung hat dabei positive wie negative Seiten: Man wandelt eben nicht ungestraft unter Palmen.

Die Deutschen kamen Wilhelm in den „Lehrjahren“ *im ganzen so linkisch vor, so übererzogen, so schlecht unterrichtet, so leer von gefälligem Wesen, so geschmacklos. Oft rief ich aus: Es kann doch kein Deutscher einen Schuh zuschnallen, der es nicht von einer fremden Nation gelernt hat.* (37) Bei diesem Klima erstaunt es nicht, dass damals viele Deutsche nach Übersee drängten, von den politischen und wirtschaftlichen Bedingungen in Deutschland ganz zu schweigen. Jarno wollte nach Amerika und Wilhelm mitnehmen. Seine Sozietät wollte sich in der ganzen Welt ausbreiten, um die Risiken, Besitz in einem Land zu verlieren, zu mindern. Weltweite Kolonisierung, darum ging es. Wilhelm sollte unbedingt mitkommen, *denn eine große Reise zu tun, ist für einen jungen Mann äußerst nützlich.* (38) Eine Meinung, die auch Wilhelms Bruder teilte, der ihm seinen Reisesegen mit den Worten gab: *Vor dem ersten halben Jahre bedürfen wir deiner nicht; du kannst dich also nach Belieben in der Welt umsehen: denn die beste Bildung findet ein gescheiter Mensch auf Reisen.*(39) Goethe schloss aber auch die andere Möglichkeit nicht aus, in Deutschland ein sinnvolles Leben zu führen. Lothario hatte in Amerika die Heimat wieder schätzen gelernt und schrieb an Jarno über das Meer: *Ich werde zurückkehren und in meinem Hause, in meinem Baumgarten, mitten unter den Meinigen sagen: hier, oder nirgend ist Amerika.* (40)

In den „Wanderjahren" wird die Neue Welt dann zur Manie: *Der lebhafte Trieb nach Amerika im Anfang des achtzehnten Jahrhunderts war groß, indem ein jeder, der sich diesseits einigermaßen unbequem fand, sich drüben in Freiheit zu setzen hoffte; dieser Trieb ward genährt durch wünschenswerte Besitzungen, die man erlangen konnte, ehe sich die Bevölkerung weiter nach Westen verbreitete.* (41) Dass nicht nur Nordamerika gemeint war, geht aus dem bereits Gesagten hervor. Besonders aber aus Goethes Hommage an die berühmten Naturforscher, die ja wie Forster, Humboldt, Eschwege, Wied zu Neuwied, die Österreicher oder Spix und Martius hauptsächich in Lateinamerika und der Südsee unterwegs waren: Und die werden als große gereifte Wissenschaftler gefeiert, die trotz aller Gefahren die Welt umsegelt, entdeckt und beschrieben haben. (42)

Goethe verschwieg auch die Gefahren nicht: Die Rückkehrer nahmen die Daheimgebliebenen oft nicht für voll, die wiederum hielten diese für arrogant und anmaßend. (43) Einen *Stachel im Herz* (44) brachten so manche Heimkehrer mit. Sie konnten wohl ihre Gastländer nicht vergessen und rieben sich an der alten Heimat. Abgesehen davon, dass eine Auswanderung immer das gefährlichste Abenteuer sei: *Unvorbereitetes Wegeilen bringe unglückliche Wiederkehr; kein anderes Unternehmen bedürfe so viel Vorsicht und Leitung als ein solches.* (45) Sucht nach der Neuen Welt, nach den skizzierten Sozialutopien hin oder her, am Ende wird wohl Odoardos Lied recht behalten:

Bleiben, Gehen, Gehen, Bleiben,
Sei fortan dem Tüchtgen gleich,
Wo wir nützliches betreiben
Ist der werteste Bereich.
Dir zu folgen wird ein leichtes,
Wer gehorchet, der erreicht es,
Zeig ein festes Vaterland.
Heil dem Führer! Heil dem Band (46)

Unterhaltungen deutscher Ausgewanderten

Die Guillotine auch für Deutschland fordert im Frühjahr 1793 der junge Karl in der Rahmenhandlung dieser Novelle. Eine erregte Reaktion auf den konservativen Geheimrat, der den aus dem Rheinhessischen sich zurückziehenden französischen Revolutionstruppen den Galgen wünscht. Frankfurt war bereits wieder befreit, Mainz noch von den Alliierten belagert und die Franzosen hinter den Rhein zurückgedrängt. Die vor den Franzosen geflüchteten Adeligen warteten den Ausgang der Mainzer Belagerung ab und setzten dabei dem Zerfall ihrer eigenen Kultur die Kultur einer Erzählwelt entgegen. Diese Erzählungen sollten ihre Gruppe von dem Parteihader ablenken und besänftigen. Aber auch unterhalten und *einen stillen Reiz weiter nachzudenken* (47) hinterlassen, das war die Forderung der gastgebenden Baronesse. Nicht erwünscht war die kompliziertere, eher rätselhafte Erzählweise aus „Tausend und einer Nacht". Es ging eben um eine Art Religionsersatz, der die Zeitprobleme vergessen macht.

Die Novelle erschien ab 1795 sukzessive mit ihren in die Rahmenhandlung eingebauten sieben Geschichten in Schillers „Horen". Auf zwei Gespenstergeschichten, folgten zwei erotisch orientierte und darauf zwei moralische Fabeln, davon eine Seegeschichte. Den Höhepunkt bildete das abschließende Märchen, das aus Ordnungslosigkeit in einen idealen Kosmos führt. (48)

Ein Therapeutikum, das waren diese Erzählungen, die damit an Goethes Traumreisen erinnern, die mit Bestimmtheit auch diese Funktion hatten. Von der Gattung her ist für unseren Zusammenhang besonders die Novelle „Der Prokurator", das Seestück, interessant. Ein ehemaliger Seefahrer und Handelsmann verlässt seine junge attraktive Frau wieder, weil ihn ferne Länder unwiderstehlich anziehen. Dabei segelt er zunächst in Richtung Osten, nach Alexandrien, aber offenbar auch in andere ferne Weltgegenden. (49) Und die Utopie, in die das Märchen mündet, trägt vergleichbare Züge mit der Sozial-Utopie, die Goethe für Lateinamerika vorschwebte.

Faust

Ja, wäre nur ein Zaubermantel mein! Und trüge er mich in fremde Länder. (50) Für Faust eine typische Stimmung. Und genau in so einem Moment muss ihn Mephisto erwischt und provoziert haben: *Was willst du dich denn hier genieren? / Musst du nicht längst kolonisieren?* (51) Und das war der Start für Fausts Karriere als frühkapitalistischer Unternehmer, als Kolonisator, der gleichzeitig aufbaut und zerstört. Die Etappen des Stubengelehrten, brünstigen Frauenhelden und Sanierer der Staatsfinanzen lagen hinter ihm. Sein Weg *vom Himmel durch die Welt zur Hölle,* (52) so charakterisierte Goethe den Gang der Handlung seines Faust, fand damit seinen vorläufigen Abschluss im Abgrund. Bei Fausts Philosophie kein weiter Weg, denn *Die Tat ist alles, nichts der Ruhm.* (53) Oder deutlicher: *Man hat Gewalt, so hat man Recht. / Man fragt ums Was und nicht ums Wie. / Ich müsste keine Schiffahrt kennen: / Krieg, Handel und Piraterie, / Dreieinig sind sie, nicht zu trennen.* (54) Eine Erfolgsethik, die alles erlaubt: Seine Trockenlegung, Urbarmachung und Kolonisierung des vom Kaiser übereigneten Landes erfolgte mit zur Arbeit gepressten Kulis, die mitleidlos für die große Idee geopfert wurden: *Menschenopfer mussten bluten, / Nachts erscholl des Jammers Qual; / Meer ab flossen Feuergluten, / Morgens war es ein Kanal.* (55) Ganz so wie bei dem von Goethe herbeigesehnten Panamakanal, bei dem zahllose Arbeiter an Gelbfieber und Malaria starben. Selbst vor Vertreibung und Enteignung schreckte Faust nicht zurück: *Die Alten droben sollen weichen, / Die Linden wünsch't ich mir zum Sitz, / Die wenig Bäume, nicht mein Eigen, / Verderben mir den Weltbesitz. / Dort woll't ich, weit umherzuschauen, / Von Ast zu Ast Gerüste bauen, / Dem Blick eröffnen weite Bahn, / Zu sehen, was alles ich getan.* (56) Sein unklarer Befehl verleitete aber seine Schergen, die Alten zusammen mit ihrer Hütte zu verbrennen: *Ach! Die innere Hütte lodert, / Die bemoost und feucht gestanden; / Schnelle Hülfe wird gefordert, / Keine Rettung ist vorhanden. / Ach, die guten alten Leute, / Sonst so sorglich um das Feuer, / Werden sie dem Qualm zur Beute.* (57) Die dahinter stehende große Idee rechtfertigt alles: *Eröffn' ich Räume vielen Millionen, / Nicht sicher zwar, doch tätig-frei zu wohnen. / Grün das Gefilde, fruchtbar; Mensch und Herde / Sogleich behaglich auf der neusten Erde, … / Im Innern hier ein paradiesisch Land, / Da rase draußen Flut bis auf zum Rand, … / Solch ein Gewimmel möchte ich sehn, / Auf freiem Grund mit freiem Volke stehen. / Zum Augenblicke dürft' ich sagen: / Verweile doch, du bist so schön.* (58) Auch im Faust greift Goethe also seine Sozialutopie, die ihm für die Neue Welt vorschwebt, wieder auf: Die Menschen sind frei, sind tätig, es ist das reinste Paradies. Die Kolonisierung sollte hier nicht nur auf das Landgewinnungsprogramm aus Sumpfland bezogen werden, sondern grundsätzlich auf die Kolonisierungsprogramme für die beiden Amerika.

Sklavenarbeit und Mord sind Voraussetzung für diesen Unternehmer. Aber auch autoritäre Befehlsgewalt. Spätestens jetzt wird erkennbar, warum Will Quadflieg, der große Faust-Interpret und Gegenspieler von Gründgens Mephisto, Faust für einen faschistischen Typ gehalten hat. (59) Verständlich wird auch die Auffassung von Oskar Negt, den das Niederbrennen der Hütte von Philemon und Baucis an die Abbrenn-Meister, die Nazis und ihre Mordlust erinnert, der sich Faust sogar als KZ-Kommandanten vorstellen kann. (60) Wie nah Buchenwald an Weimar liegt, darauf machte Negt ebenfalls aufmerksam: Zwischen 1937 und 1945 belieferten viele Weimarer Firmen das KZ mit ihren Produkten.

Schlimmer noch: Die Nazis ließen die Originalmöbel des Schiller-Hauses nach Buchenwald schaffen und dort nachbauen. Die Repliken wurden dann im Schiller-Haus ausgestellt und die Originale an sichere Orte gebracht, um sie vor drohenden Bombenangriffen der Alliierten zu schützen. So konnte der nichtsahnenden Bevölkerung vorgegaukelt werden, dass die Bedrohung aus der Luft gar nicht so groß war, wo doch das Schiller-Museum mit seinen Schätzen weiter geöffnet blieb. Warum dieser Betrug, der auch für Goethe geplant war, mit seinen Möbeln nicht durchgeführt wurde, ist unbekannt. (61)

Das Kunstprojekt der Landschaftsarchitektin Ute Wrede, die 1999 die verschüttete, Anfang der vierziger Jahre von Buchenwalder Häftlingen gebaute Bahnstrecke Weimar-Buchenwald durch das Aussäen von Klatschmohn wieder sichtbar machte, war von Paul Celans „Wir lieben einander wie Mohn und Gedächtnis" angeregt worden. Dass so manche Weimarer Bürger nicht auf das Gedächtnis setzen, zeigt ihr Boykott dieses Projektes, der bis zum Ausreißen des Klatschmohns reichte. (62)

Doch wie? – wo sind sie hingezogen? / Unmündiges Volk, du hast mich überrascht, / Sind mit der Beute himmelwärts entflogen; / Drum haben sie an dieser Gruft genascht! / Mir ist ein großer, einziger Schatz entwendet: / Die hohe Seele, die sich mir verpfändet, / Die haben sie mir pfiffig weggepatscht. (63) Mephisto hat gut klagen, dass ihm die Engel im letzten Moment Fausts Seele entrissen haben. Da hätte er sich eben nicht von den Reizen der Engel ablenken lassen dürfen: *Sie wenden sich- von hinten anzusehen! - / Die Racker sind doch gar zu appetitlich!* (64) Bleiben zwei Fragen: Warum lässt Goethe den skrupellosen Faust, der in der Gretchentragödie und als Kolonisator vor Morden nicht zurückschreckte, der nie Reue zeigte, warum lässt er den erlösen? Und warum protestierte er nicht gegen diese Form der Kolonisierung? Vielleicht lässt sich die Erlösung mit dem Fehler erklären, den der „Herr" beim Menschen begangen hat und den ihm Mephisto im „Prolog im Himmel" vorwirft: *Ein wenig besser würd er leben, / Hättest du ihm nicht den Schein des Himmellichts gegeben; / Er nennt's Vernunft und braucht's allein, / Nur tierischer als jedes Tier zu sein.* (65) Seine Vernunft reicht also nicht aus, das Tierische in sich in Schach zu halten. Wenn aber sein Streben zum Besseren hinzukommt, kann ihm um so eher verziehen werden. (66) Dass Goethe die mörderische Kolonisierung nicht verurteilte, dafür ist sicher seine Zeit verantwortlich, die bedenkenlos Landeskinder als Soldaten an die Kolonialmächte verkaufte. (67) Und wohl auch seine Sozialutopie, die er für die Neue Welt entworfen hatte und die dort eingeführt werden sollte.

Da kommen sie und fragen, welche Idee ich in meinem ‚Faust' zu verkörpern gesucht. Als ob ich das selber wüsste und aussprechen könnte, (68) meinte Goethe im Juli 1827 zu Eckermann. Eine Idee haben wir zumindest rausstellen können.

Ein legitimes Verfahren bei einem Werk, das ja mehrere Stränge verfolgt, aus mehreren kleinen Weltkreisen besteht. Es ist einfach *tolles Zeug und geht über alle gewöhnlichen Empfindungen hinaus … Faust ist ein so seltsames Individuum, dass nur wenige Menschen seine inneren Zustände nachempfinden können,* (69) erklärte Goethe seinem Eckermann. Bei dem Kolonisator haben wir es versucht.

Marienbader Elegie

Es scheint vielmehr, dass die leidenschaftliche Neigung, die er diesen Sommer in Marienbad zu einer jungen Dame gefasst und die er jetzt zu bekämpfen sucht, als Hauptursache seiner jetzigen Krankheit zu betrachten ist. (70) Wie das? Was veranlasste Eckermann im November 1823 zu dieser Meinung über Goethe? Der jedenfalls postulierte doch noch im Alter, nur eine kleine Liebschaft mache einen Badeaufenthalt erträglich und die habe er im Laufe seines Lebens reichlich gefunden: *Auch war ich fast jedes Mal so glücklich, dort irgendeine kleine Wahlverwandtschaft zu finden.* (71) Und bei denen liebte er dann nicht den Verstand, sondern *das Schöne, das Jugendliche, das Neckische, das Zutrauliche, den Charakter, ihre Fehler, ihre Kapricen, und Gott weiß was alles Unaussprechliche sonst.* (72) Das Marienbader Erlebnis ließ sich dagegen so leicht nicht wegschieben. Goethe hatte es wirklich getroffen und er wollte die blutjunge Ulrike von Levetzow heiraten. Sein Herzog trat als Brautwerber auf. Doch alles blieb zunächst in der Schwebe. Der über fünfzigjährige Altersunterschied war einfach zu groß. Auf der Rückreise von Marienbad nach Weimar im September 1823 dämmerte es ihm bereits, dass sein Hochzeitsplan nicht aufging und dichtete die „Marienbader Elegie“. Die enthält aber nicht nur seine Liebes-Zweifel, sondern wie in den „Wanderjahren“ eine Eloge auf die Naturforscher, seine *Weggenossen,* die er zur Erforschung der Welt anstachelt.

Sein „Liebeslied eines Wilden“ aus dem Jahr 1782 dichtete er dreiundvierzig Jahre später um, rund zwei Jahre nach seinem Werben um Ulrike von Levetzow. Ob er das Gedicht aus Nostalgie, in Erinnerung an seine Leidenschaft zu Ulrike umgeschrieben hat, diese spannende Frage stellt Sylk Schneider und knüpft damit ein Band zwischen Ulrike und Brasilien. (73) Beweisbar ist das zwar nicht, aber einige Indizien weisen darauf hin, wie Goethes starke damalige Beschäftigung mit Brasilien und Ulrikes Teilnahme in Marienbad an Brasiliengesprächen. (74) Dass in der Neufassung des Gedichtes der Titel „Liebeslied eines Wilden“ weggefallen ist, deutet ebenfalls in die Richtung: Der sechsundsiebzigjährige Goethe war eben kein Wilder mehr.

Das größte Genie würde nicht weit kommen, wenn es sich vermessen wollte, alles aus dem eigenen Boden zu ziehen. … Ich habe alles aufgenommen und mir angeeignet, was ich nur hörte und beobachtete. Meine Werke haben sich genährt von Tausenden der verschiedensten Wesen, Toren und Weisen, hellen Köpfen und Narren. ... Mein Werk ist das eines Kollektivwesens und es trägt den Namen Goethe, (75) erklärte er kurz vor seinem Tod Frédéric Soret. Besser hätte er seinen Werkprozess nicht charakterisieren können, eine Beschreibung, die auch für seine Beeinflussung durch die Reiseforscher der Neuen Welt gilt: Alexander von Humboldt wird sogar namentlich erwähnt, er und Georg Forster sind Vorbilder für einige literarische Gestalten Goethes. Auf sie und die anderen Naturalisten schrieb er zwei Elogen, in den „Wanderjahren" und in der „Marienbader Elegie". Der Trieb nach Amerika, in beide Amerika, ist kaum stillbar, und die Südseeinseln tauchen in den „Reisen der Söhne Magaprazons" auf. Goethes Bild der Neuen Welt bleibt nicht bei einer Sehnsuchtsydille stehen, sondern zeichnet analog zu Jeffersons „Notes of Virginia" eine identitätsstiftende Kunsthandwerk-Gemeinschaft. Freilich eine Utopie, die aber als Idee durchaus für therapeutische Zwecke geeignet ist.

Bleibt zu fragen, ob Goethe selbst mit seinen Traumreisen in die Neue Welt bereits zur literarischen Figur geworden ist.

„Ich vermute, Sie zu schnell zu einer Expedition in das ferne und geheimnisvolle Japan verführt zu haben“ (1)

Der „Reisende“ Goethe wird zur literarischen Figur

Die große Rätselfrage der Feuilletons des Jahres 2006 und später lautete: Wie konnte es passieren, dass die Doppelbiografie „Die Vermessung der Welt“ über Alexander von Humboldt und Carl Friedrich Gauß von Daniel Kehlmann ein Bestseller wurde? Ein Buch, das siebenunddreißig Wochen nicht von der „Spiegel“-Bestsellerliste zu verdrängen war, das nach der „New York Times“ 2006 an zweiter Stelle der weltweit meist verkauften Bücher stand und von dem bis Oktober 2012 rund 2,3 Millionen Exemplare in Deutschland und 6 Millionen weltweit abgesetzt worden sind. Ein Werk, das bereits 2008 für die Bühne bearbeitet wurde und dessen Filmversion im Oktober 2012 in die Kinos kam. Ja, wie konnte das passieren?

Das Zusammenkommen berühmter Naturforscher in Berlin hatte viele bedeutende Männer in Bewegung gesetzt, die in ihren Wegen Weimar durchkreuzend, sich teils hatten melden lassen und deren Ankunft zu erwarten war. (2) Zu diesen Berühmtheiten des Treffens aus dem Jahre 1828, die Eckermann hier andeutet und die Goethe vor oder nach dem Kongress besuchten, gehörten der Brasilien-Reisende Martius und der Naturforscher und Handelshaus-Chef Hoenninghaus. (3) Gauß hatte sich nur widerstrebend auf die Einladung Alexander von Humboldts zu der Berliner Tagung eingelassen. Beide Forscher waren damals schon berühmt, aber auch ein wenig sonderbar geworden. Der eine ein Weltreisender, der andere ein Stubenhocker, dem selbst die Fahrt nach Berlin äußerst schwer fiel. Ein idealer Gegensatz, den Kehlmann mit Humor und Witz beschreibt und dabei Fakten und Fiktionen vermischt. Sicher ein Grund für den Erfolg. Ein anderer war und ist bestimmt das Thema, die Erforschung Lateinamerikas bis hin zum Amazonas. Und wenn schon diese beiden literarische Erfolgs-Figuren geworden sind, dann wird der „Reisende“ Goethe doch sicher auch in den literarischen Werken seiner Schriftsteller-Kollegen auftauchen.

Adolf Muschg, Löwenstern

Hermann Ludwig Löwenstern hatte die erste russische Weltumseglung des Kapitäns Krusenstern von 1803 bis 1806 als vierter Offizier mitgemacht. Und gleichzeitig als Protokollant dieser Reise, die das abgeschottete Japan für den

Handel mit Russland öffnen und dessen Expansion im Nord-Pazifk unterstützen sollte. Im Mai 2011 stieß Adolf Muschg, der bekannte Schriftsteller und Germanist aus Zürich, auf dieses Manuskript auf dem Gut Rasik in Estland, etwa dreißig Kilometer von Tallin. Löwenstern hatte hier nach seinem Ausscheiden aus der Marine ab 1815 gelebt und offenbar sein Journal in einem ausgehöhlten Buch versteckt. Dort wartete es rund 200 Jahre auf seine Wiederentdeckung. Ein Fund, der Adolf Muschg zu seinem Roman „Löwenstern" animierte, der 2012 erschienen ist.

Nach Japan fahren solle er, das war Goethes dringender Rat im Frühjahr 1800 in Muschg's Roman „Löwenstern", als der ihn als junger Seemann in Weimar besuchte. Hinreisen, das müsse er unbedingt und dieses kaum bekannte Land kennenlernen. Wenn er noch jünger wäre, dann würde er mitkommen. So bleibe ihm nur der Globus, auf dem er die Route nach Japan aufmerksam und feierlich mit dem Finger verfolgte. Natürlich sprachen die beiden auch über die Südsee und über Forsters nackte Schöne.

Bei einer von Muschg skizzierten Weimarer Tanzgesellschaft ging es dann eher vulkanisch zu und hoch her. Löwenstern traf auf eine füllige Frau mit tiefem Dekolleté und erotischer Ausstrahlung, die sich ihn zur Polka schnappte und an sich presste: Christiane Goethe tanzte für ihr Leben gern. Und die Hofgesellschaft konnte froh sein, wenn sie nicht auch noch sang und zu viel trank.

Ganz in dem Sinne wird Löwenstern dann auch später nach seiner Weltumseglung in einer Gesellschaft danach gefragt, ob Graf Tolstoi in der Südsee tatsächlich mit einem Orang-Utan-Weibchen zusammengelebt habe. Die erotischen Phantasien waren eben grenzenlos. (4) Rumgesprochen hatte sich wohl auch, dass die wilden Sirenen der Südsee an allen ungeraden Tagen an Bord der Krusenstern'schen Schiffe kommen und die Matrosen verführen durften. Schließlich wollte Kapitän Krusenstern nicht das Schicksal der Bounty erleben, deren Matrosen wegen verbotener Liebe gemeutert hatten. (5)

Da haben wir also Goethe als literarische Figur, als Traumreisenden, der sich eine ganze Weltumseglung von Europa über das Kap Horn durch die Südsee bis nach Japan und Kamtschatka vor Ostsibirien zusammenphantasiert. Seine Christiane erscheint eher im Licht der Hofgesellschaft, die sie schnitt, sicher nicht nur wegen ihrer Herkunft, sondern auch wegen ihrer erotischen Prallheit und vorehelichen Liaison zu Goethe. Und die Südsee, die scheint kurz als wüstes Klischee auf. Übrigens lässt Muschg auch ganz flüchtig den späteren russischen Generalkonsul in Rio de Janeiro Georg Heinrich von Langsdorff auftreten, der ja die Krusenstern'sche Reise als junger Wissenschaftler mitgemacht hatte. Insgesamt kommen alle mitreisenden Forscher nicht gut weg: Sie werden als egoistisch, eigenwillig und schrullig geschildert. Langsdorff lässt sich sogar mit Professor anreden. (6) Ob er wirklich so eitel war?

Thomas Mann, Lotte in Weimar

Zugang zur weiten Welt, den bescheinigte Thomas Mann seinem Goethe in dem kleinstädtischen Weimar. Ein Städtchen, das sich in dem Roman „Lotte in Weimar“ nach außen als arrogant und überheblich gibt und im Innern eher stumpf, aber auch versteckt sinnlich ist. (7) Diese Gesellschaft kritisiert viele Werke Goethes als unmoralisch und ungezügelt, allen voran die „Römischen Elegien“ mit ihrem knarrenden Liebeslager, die „Wahlverwandtschaften“ mit ihrem Partnertausch, den „Werther“ mit seinem prickelnden Picken an der Verlobten Lotte oder auch den Meister. (8) In Thomas Manns „Lotte“ haben aber auch viele Deutsche ein problematisches Verhältnis zu Goethe, der ihnen zu brühmt und zu international ist. Mit einem Wort, sie mögen ihn nicht, und er mag seine Landsleute genau so wenig. (9) Gründe über Gründe in die weite Welt zu fliehen, wenn auch nur in Gedanken. Eine Aufgeschlossenheit, die auch für Goethes Inspiration, für die Anregung seiner Werke wichtig ist, denn die könne er nun wirklich nicht allein aus seiner Ehe ziehen, meint entwaffnend Adele Schopenhauer zu Lotte bei ihrem Besuch in Weimar. (10)

Die Reisekünstlerin Miss Cuzzle sorgt für eine gewisse Öffnung der Welt im Weimar Thomas Manns. Die Portraitmalerin, die sich ihre Bilder immer signieren und damit autorisieren lässt, steht für ferne Welten und für Erlebnisse mit Berühmtheiten. Den Zar Alexander I. hatte sie bereits vor ihrem dortigen Aufenthalt gezeichnet und in Weimar portraitiert sie Schillers Witwe, Frau Schopenhauer oder Schauspielerinnen des Hoftheaters. Goethe umwirbt und umschmeichelt sie, um ihn für ein Porträt zu gewinnen. (11) Einen Hauch von fernen Ländern hatte sie an sich, der sicher auch bis zu Goethe wehte. Der schwärmt in der Mannschen Fiktion wie in der Realität von dem Globus der herzoglichen Bibliothek und dessen völkerpsychologischen Bemerkungen. Dass die Deutschen demnach Ähnlichkeit mit den Chinesen hätten, stellt er bei dem Besuch Lottes besonders heraus. Ihre Titelsucht und Autoritätsgläubigkeit besonders vor Gelehrten sei der Grund. (12) Auch an seiner internationalen Münzensammlung kommt Lotte nicht vorbei. (13) Goethes Weltorientierung ist jedoch bei Thomas Mann in Richtung Osten ausgerichtet, und er bescheinigt ihm eine besondere Neigung für den Orient. Der Blick nach Süd-Westen, nach Lateinamerika und in die Südsee bleibt dagegen ausgespart. Typisch für Thomas Mann, dem ja als junger Mann selbst die brasilianische Abstammung seiner Mutter nicht passte und der Rio de Janeiro nicht besuchte: Die Stadt sei zwar betörend schön, er müsse sie aber nicht gesehen haben. (14) Ob Thomas Mann auch in seiner „Lotte in Weimar“ abwiegelte und Lateinamerika verdrängte? Dass die reale Lotte den Weltumsegler Georg Forster 1787 kennengelernt hatte, das war Thomas Mann jedenfalls nicht gegenwärtig, (15) sonst hätte er gewiss bei Lottes Besuch am Frauenplan das Gespräch auf die Südsee gebracht, zumal Forster ja ein Bekannter Goethes war und der Forsters Reisebuch gelesen hatte.

Das Treffen zwischen Goethe und Lotte am Frauenplan bleibt bei Thomas Mann unbefriedigend. Seine Stimme, ja, die ist für Lotte die alte, aber Goethe: Ein steifer, hölzerner alter Mann, den sie eigentlich nicht wiedererkennt und der ihr Unbehagen einflößt. Wohl auch, weil er durch sie durchzusehen scheint. (16) Aber nach einem Schauspielbesuch Lottes holt Goethe sie völlig überraschend mit der Kutsche am Theater ab, und es kommt zum Happy End: Zum einen, weil er sie daran erinnert, dass er sie im „Werther“ als reizvolle junge Frau verewigt hat, ihr gewissermaßen ewige Jugend geschenkt hat, zum anderen, weil er sie um Verzeihung bittet, für seine Kritik an ihrem kleinen Alters-Tick, mit dem Kopf zu wackeln, (17) womöglich auch für die steife erste Besuchsatmosphäre, und für seine Übertreibungen im „Werther“.

Hector Chevigny, Lost Empire. The Life and Adventures of Nikolai Rezanov

He, von Langsdorff, who had taken such pleasure in meeting Goethe in Weimar. (18) Da taucht nicht nur Goethe als literarische Gestalt auf, sondern auch Langsdorff, der sich über sein Treffen mit dem großen Goethe in Weimar so freut. Eine kleine Sternstunde, denn Goethe hat ja nirgendwo diesen Langsdorff genannt, und wir mussten erst nachweisen, dass er über ihn informiert war und erklären, warum er ihn nicht erwähnte. Chevigny beschreibt in seinem Roman die erste russische Weltumseglung und legt dabei einen Akzent auf Nikolai Rezanov, den „High Chamberlain“, den Vertreter des Zaren Alexander I.

Rezanov kannte schon vor der Weltumrundung den Nordpazifik von seinen Inspektionen der russischen Siedlungen vor allem in Kodiak auf Alaska und aus seiner Beteiligung an den russischen Pelzgeschäften. Alexander I. nannte ihn liebevoll den „Vater der russisch-amerikanischen Pelz-Kompagnie“. Aufgabe Rezanovs war, den japanischen Kaiser zu treffen und die japanischen Häfen für den Handel mit Russland zu öffnen. Ein Auftrag, der nach fünf Monaten krachend scheiterte.

Danach schildert Chevigny die gemeinsame Reise Rezanovs und Langsdorffs von Kamtschatka bis nach San Franzisko. Die Stimmung zwischen den beiden ist schlecht, obwohl Langsdorff der Leibarzt von Rezanov ist. Der will ihm dauernd seine botanischen und zoologischen Sammlungen untersagen und lässt sogar Teile davon ins Meer werfen. Im heutigen San Franzisko verliebt sich Rezanov in Conchita, eine blutjunge Spanierin, die Tochter des Kommandanten. Nach ihrer Verlobung eilt er über Kamtschatka nach Petersburg, um die Genehmigung des Zaren zur Hochzeit einzuholen, stirbt aber bei der mörderischen Durchquerung Sibiriens in eisiger Winterskälte. Eine überfordernde Winterreise durch Sibirien, die Langsdorff später übersteht. Er kommt im März 1808 in Petersburg an.

Drei Beispiele für den „Reisenden" Goethe als literarische Figur in der Literatur seiner späteren Schriftstellerkollegen.

„Da kommen sie und fragen, welche Idee ich in meinem ‚Faust' zu verkörpern gesucht. Als ob ich das selber wüsste und aussprechen könnte" (1)

Zusammenfassung

Dass wir ein Resümee versuchen, hat seinen Grund vor allem in unserem schnellen Vergessen bei erster Lektüre. Ein Vergessen, das auch Goethe bestätigte: *Denn da ich immer vorwärts strebe, so vergesse ich was ich geschrieben habe, wo ich denn sehr bald in den Fall komme, meine Sachen als etwas durchaus Fremdes anzusehen.* (2)

Gleicherweise soll der Poet nach mannigfaltiger Kenntnis streben; denn die ganze Welt ist sein Stoff, den er zu handhaben und auszusprechen verstehen muss. (3) Ein „Glaubensbekenntnis" Goethes vom April 1825, nach dem er sich richtete.

Bereits unser erstes Kapitel „Goethes Prädisposition für Reisen" zeigt, wie er sich zum Kartenstudium und zur Lektüre von Reisebeschreibungen hingezogen fühlte, ständig seine Weltkenntnis vergrößert hat. Sein Studium war breit, er studierte das „Leben", genoss die offene Messestadt Frankfurt, den Kreuzpunkt der Kulturen in Straßburg und konnte selbst in der Weimarer Enge Öffnungen in die Welt finden, mit dem Musenhof Anna Amalias, der russischen Zarentochter Maria Pawlowna und den Kontakten nach Amerika.

Dass Goethe Reisen gelernt hat, dass die Fahrten ihn nachhaltig belehrt haben und dass er dabei zum Lernen bereit war, bringt der zweite Abschnitt Goethes „Eigene Reisen". Ja, sogar, dass ihn seine eigenen Fahrten zu weiteren Traumreisen inspirierten.

Die wurden aber vor allem durch seine Leidenschaft für ferne Länder und Ethnologie, durch die vielen Besucher Weimars, durch seine Spione in der Welt, durch die Reisebeschreibungen, die weltumspannende Münzsammlung, die internationale Literatur und sein Interesse für die sich ankündigenden großen Kanalbauten, allen voran der Panamakanal, geweckt. Das beschreibt das dritte Kapitel „Goethes Gedankenreisen".

Von dem Verleger Bertuch, der herzoglichen Bibliothek und den berühmtesten Reiseforschern, die Goethe besuchten, mit denen er korrespondierte und deren Reisebücher er verschlang, von Georg Forster über Alexander von Humboldt, John Mawe, Wilhelm von Eschwege, den Prinzen Wied zu Neuwied,

Spix und Martius und die Österreicher, wurden seine Gedankenreisen besonders angeregt. Ja, mehr noch, sie verführten ihn, entsprechende Zeichnungen selber anzufertigen wie die „Höhen der Alten und Neuen Welt" und das Gehörte in seine literarischen Werke aufzunehmen. Sein Herzog Karl August wollte sogar mit seiner Hilfe eine Expedition nach Brasilien schicken. Soweit der Inhalt des vierten Abschnitts „Goethes Kontakte zu den Reiseforschern".

Nein, sein Bild der beiden Amerika und der Südsee blieb nicht bei den romantischen Paradiesvorstellungen stehen, ihm schwebte vielmehr eine identitätsfördernde Kunsthandwerks-Gesellschaft vor. Freilich erkannte er den utopischen Charakter, wie im fünften Kapitel „Goethes Lateinamerika- und Südseebild" gezeigt wird.

Wie stark diese Einflüsse auf sein literarisches Werk waren, beweist der sechste Abschnitt. In den „Wahlverwandtschaften" wird Alexander von Humboldt mit Namen genannt und wird zum Vorbild für den Hauptmann, so wie Forster für den englischen Lord, der Charlotte und Ottilie zu Traumreisen verführt. In „Herrman und Dorothea" werden ein See- und ein Freiheitsheld besungen, hinter denen Georg Forster steht. Die „Reise der Söhne Megaprazons" versetzen uns in die Südsee und zeigen neben einer Paradies-Idylle auch die Sozialstaats-Utopie. Und die „Wilhelm-Meister" Romane gipfeln in einem Hang zu Amerika und in einer Lobeshymne auf die großen sich aufopfernden Reiseforscher. „Die Unterhaltungen deutscher Ausgewanderten" zeigen, wie gut Erzählungen zu Traum-Reisen verführen können und dienen damit als Therapeutikum, als Schutz vor den Stürmen der Welt.

Der Kolonisator „Faust" degeneriert schließlich mit seiner skrupellosen Erfolgsethik, die Sklavenarbeit, Enteignungen und Mord einschließt, zu einem Unternehmer, der von manchen Goethe-Kennern als Faschist bezeichnet wird. Trotzdem kritisierte Goethe die damaligen Kolonisierungen nicht. Die „Marienbader Elegie" feiert wieder seine *Weggenossen,* die großen Naturforscher. Vielleicht hat Goethe sogar sein brasilianisches „Liebeslied eines Wilden" im Gedenken an seine Altersliebe Ulrike von Levetzow umgeschrieben und damit ein Band zwischen Brasilien und Ulrike geknüpft.

Das letzte Kapitel „Der Reisende Goethe als literarische Figur" wird tatsächlich fündig. Nicht nur Adolf Muschg nimmt ihn und seine Frau Christiane in seinen Roman „Löwenstern" auf, sondern auch Thomas Mann in seiner „Lotte in Weimar". Und in Hector Chevignys „Lost Empire" treffen sich Goethe und der Weltumsegler und Brasilienkenner Georg Heinrich von Langsdorff sogar in Weimar.

Abkürzungen und Literaturangaben

Abkürzungen

Augustat, Brasilien
Claudia Augustat, Jenseits von Brasilien. Johann Natterer und die ethnographischen Sammlungen der österreichischen Brasilienexpedition 1817–1835. Wien 2012

Bertuch, Eschwege
Friedrich Justin Bertuch in: Eschwege Wilhelm, Journal von Brasilien. Weimar 1818

Chevigny, Lost Empire
Hector Chevigny, Lost Empire. The life and adventures of Nikolai Rezanov. Portland 1965

Diers, Bettine
Michaela Diers, Bettine von Arnim. München 2010

Eckermann, Goethe
Johann Peter Eckermann, Gespräche mit Goethe. In den letzten Jahren seines Lebens. Hg. v. Fritz Bergemann. Insel Verlag 1955

Forster, Reise
Georg Forster, Reise um die Welt. Hg. v. Gerhard Steiner. Insel Taschenbuch 757. Frankfurt 1983

Friedenthal, Goethe 1
Richard Friedenthal, Goethe. Sein Leben und seine Zeit. Band 1. München 1968

Friedenthal, Goethe 2
Richard Friedenthal, Goethe. Sein Leben und seine Zeit. Band 2. München 1968

Goethe, Theatralische Sendung
Johann Wolfgang Goethe, Wilhelm Meisters theatralische Sendung. Dtv Gesamtausgabe 14. München 1962

Goethe, Lehrjahre 1
Johann Wolfgang Goethe, Wilhelm Meisters Lehrjahre, 1. Teil. Dtv Gesamtausgabe 15. München 1962

Goethe, Lehrjahre 2
Johann Wolfgang Goethe, Wilhelm Meisters Lehrjahre, 2. Teil. Dtv Gesamtausgabe 16. München 1962

Goethe, Wanderjahre 1
Johann Wolfgang Goethe, Wilhelm Meisters Wanderjahre, 1. Teil. Dtv Gesamtausgabe 17. München 1962

Goethe, Wanderjahre 2
Johann Wolfgang Goethe, Wilhelm Meisters Wanderjahre, 2. Teil. Dtv Geamtausgabe 18. München 1962

Goethe, Dichtung 1
Johann Wolfgang Goethe, Dichtung und Wahrheit. Erster Teil. Dtv Gesamtausgabe 22, München 1962

Goethe, Dichtung 2
Johann Wolfgang Goethe, Dichtung und Wahrheit. Zweiter Teil. Dtv Gesamtausgabe 23, München 1962

Goethe, Dichtung 3 und 4
Johann Wolfgang Goethe, Dichtung und Wahrheit. Dritter und vierter Teil. Dtv Gesamtausgabe 24. München 1962

Goethe, Wahlverwandtschaften
Johann Wolfgang Goethe, Die Wahlverwandtschaften. Dtv Gesamtausgabe 19. München 1963

Goethe, Novellen
Johann Wolfgang Goethe, Novellen. Dtv Gesamtausgabe 20. München 1962

Goethe, Tagebücher
Johann Wolfgang Goethe, Tagebücher. Historisch-kritische Ausgabe (5 Bände). Stuttgart/Weimar 1998–2007

Goethe, Schweizer Reisen
Johann Wolfgang Goethe, Schweizer Reisen. Dtv Gesamtausgabe 28. München 1962

Goethe, Briefwechsel mit Schiller
Goethe. Der Briefwechsel mit Schiller. Auswahl und Einführung von Walter Flemmer. München o.J. (Goldmann Gelbe Taschenbücher 920/921)

Goethe, Münchner Ausgabe
Johann Wolfgang Goethe, Sämtliche Werke nach Epochen seines Schaffens. Münchner Ausgabe. Hg. v. Karl Richter ua., München, Wien 1985–1998

Goethe, Weimarer Ausgabe
Goethe, Werke, Sophienausgabe bzw. Weimarer Ausgabe. Hg. im Auftrag der Großherzogin Sophie von Sachsen. Weimar 1887–1919

Goethe, Briefe
Johann Wolfgang Goethe, Briefe (Vier Bände). Hg. v. Karl Robert Mandelkow ua., München (3)1988

Goethe, Faust 1
Johann Wolfgang Goethe, Faust. Der Tragödie erster Teil. Frankfurt, 2/2011

Goethe, Faust 2
Johann Wolfgang Goethe. Der Tragödie zweiter Teil. Frankfurt 2010

Goethe, Unterhaltungen
Johann Wolfgang Goethe, Unterhaltungen deutscher Ausgewanderten. In: Novellen. Dtv Gesamtausgabe 20. München 1962

Harpprecht, Forster
Klaus Harpprecht, Georg Forster oder die Liebe zur Welt. Eine Biographie. Reinbeck bei Hamburg 2/2007

Helbig, Brasilianische Reise
Jörg Helbig (Hg.), Brasilianische Reise 1877–1820. Carl Friedrich von Martius zum 100. Geburtstag. 1998

Hug, Menos Tiempo
Alfons Hug, Menos Tiempo. El arte de la Independencia. La Paz 2009

Humboldt, Chimborazo
Alexander von Humboldt, Über einen Versuch, den Gipfel des Chimborazo zu ersteigen. Hg.v. O. Lubrich und O. Ette. Frankfurt 2006

Humboldt, Ansichten
Alexander von Humboldt, Ansichten der Natur mit wissenschaftlichen Erläuterungen. Bd. I, Tübingen 1808

Humboldt, Äquinoktial
Alexander von Humboldt, Reise in die Äquinoktial-Gegenden des Neuen Kontinents. Hg. v. O. Ette. Bd. I und II Frankfurt/Leipzig 1999

Joost, Wied zu Neuwied
Wolfgang Joost (Hg.), Reise nach Brasilien in den Jahren 1815 bis 1817 von Maximilian Prinz zu Wied-Neuwied. Leipzig 1987

Kanzler von Müller, Unterhaltungen
Kanzler von Müller, Unterhaltungen mit Goethe. Hg. v. Ernst Grumach. Weimar 1956

Langsdorff, Tagebücher
Danunzio Gil Bernardino da Silva ua. (Hg), Os Diários de Langsdorff. Rio de Janeiro 1977ff.

Langsdorff, Bemerkungen
Georg Heinrich von Langsdorff, Bemerkungen auf einer Reise um die Welt in den Jahren 1803–1817. Frankfurt 1812

Mann, Lotte
Thomas Mann, Lotte in Weimar. Roman, Frankfurt 1959

Meyer, Inseln
Cornelia Meyer, Inseln, Paradies & Hölle. Begleitpublikation zur Ausstellung. Zürich, Museum Strauhof 2014

Muschg, Löwenstern
Adolf Muschg, Löwenstern. Roman. München 2012

Negt, Faust
Oskar Negt. Die Faust-Karriere. Vom verzweifelten Intellektuellen zum gescheiterten Unternehmer. Göttingen 2006

Niedermeyer, Amerika
Michael Niedermeyer, Amerika, Du hast es besser! Altes und Neues Amerika. Kulturelle Imaginationen zwischen Stereotyp und Utopie. Internet Zeitschrift für Kulturwissenschaften 15. September 2005

Richter, Humboldt
Thomas Richter, Alexander von Humboldt. Reinbek bei Hamburg 2009

Safranski, Goethe
Rüdiger Safranski, Goethe. Kunstwerk des Lebens. Biographie. München 2013

Safranski, Goethe und Schiller
Rüdiger Safranski, Goethe & Schiller. Geschichte einer Freundschaft. Frankfurt 2011

Schneider, Reise
Sylk Schneider, Goethes Reise nach Brasilien. Gedankenreise eines Genies. Weimar 2008

Strauss, Langsdorff
Dieter Strauss, Der grüne Baron. Georg Heinrich von Langsdorff, der Humboldt Brasiliens, und seine Expedition von Rio de Janeiro zum Amazonas 1822–1829. Frankfurt 2012

Strauss, Julia Mann
Dieter Strauss, Julia Mann. Ein Leben im Spannungsfeld zwischen Brasilien und Deutschland. In: Dieter Strauss und Maria A. Sene (Hg.), Julia Mann. Braslilien, Lübeck, München. Lübeck 1999, S. 17–98

Literaturangaben

Kennst du das Land wo die Zitronen blühn?

Einleitung

1. Goethe, Theatralische Sendung, 153
   Goethe, Lehrjahre, 127
2. Schneider, Reise, Beleg 39
3. Goethe, Dichtung 3 und 4, 72
4. Schneider, Reise, 17f.
5. Goethe, Wahlverwandtschaften, 157

6. Friedenthal, Goethe 1, 332
7. Goethe, Tagebücher, 26.5.1825, 5.6.25, 1.1.29, 3.9.30, 31.10.30, 8.9.1831

Immer sich kreuzende Fremde deuten nach allen Weltgegenden hin und erwecken Reiselust

Goethes Interesse an fremden Ländern und seine Prädisposition für Reisen

1. Goethe, Dichtung 3 und 4, 256
2. Goethe, Münchner Ausgabe, 13. 1, 228
3. Safranski, Goethe, 21–29. Hier finden sich die Belege für die genannten Goethe-Zitate
4. Goethe, Dichtung 1, 26f.
5. Eckermann, Goethe, 458
6. Goethe, Dichtung 1, 70
7. Goethe, Dichtung 1, 31
8. Goethe, Dichtung 2, 29f.
9. Safranski, Goethe und Schiller, 45f.
10. Goethe, Münchner Ausgabe, 16, 246
11. Goethe, Dichtung 3 und 4, 8
12. Friedenthal, Goethe 1, 41
13. Goethe las damals A.J.D. d'Argenville, Nachrichten aus dem Leben der berühmtesten Maler. Paris 1845
14. Goethe, Weimarer Ausgabe, IV, 5, 25, (27.12.1780)
15. Goethe, Weimarer Ausgabe, IV, 1, 184, (30.12.1768)
16. Eckermann, Goethe, 584ff. und 679
17. Goethe, Münchner Ausgabe, 16, 404
18. Safranski, Goethe, 83
19. Goethe, Münchner Ausgabe, 1. 2, 411
20. Goethe, Münchner Ausgabe, 5, 190
21. Goethe, Münchner Ausgabe, 16, 466
22, Goethe, Dichtung 2, 206
23. Safranski, Goethe, 94
24. Goethe, Münchner Ausgabe 16, 513
25. Goethe, Münchner Ausgabe, 16, 606
26. Safranski, Goethe, 137
27. Goethe, Dichtung 3 und 4, 93
28. Goethe, Weimarer Ausgabe, IV, 2, 200 (10/1774)
29. Goethe, Dichtung 3 und 4, 225
30. Goethe, Tagebücher, 8.8.1775

31. Goethe, Dichtung 3 und 4, 305
32. Eckermann, Goethe, 670
33. Eckermann, Goethe, 671
34. Goethe, Weimarer Ausgabe, IV, 3, 21 (22.1.1776)
35. Goethe, Münchner Ausgabe, 3. 1, 44 (11.9.1786) u. 15, 51 (17.9.1786)
36. Eckermann, Goethe, 393f.
37. Friedenthal, Goethe 2, 429
38. Friedenthal, Goethe 1, 212
39. Goethe, Weimarer Ausgabe, IV, 4, 150 (30.11.1779)
40. Eckermann, Goethe, 650
41. Goethe, Tagebücher, 3.9.1776
42. Safranski, Goethe, 203
43. Safranski, Goethe, 203
44. Safranski, Goethe, 204

Für Naturen wie die meine … ist eine Reise unschätzbar, sie belebt, berichtigt, belehrt und bildet
Goethes Reisen

1. Goethe, Briefwechsel mit Schiller, 271
2. Goethe, Briefwechsel mit Schiller, 271
3. Goethe, Münchner Ausgabe, 4. 1, 660f.
4. Goethe, Münchner Ausgabe, 12, 306
5. Eckermann, Goethe, 78
6. Goethe, Weimarer Ausgabe, IV, 8, 250ff. und Eckermann, Goethe, 78
7. Goethe, Schweizer Reisen, 12
8. Goethe, Schweizer Reisen, 70
9. Goethe, Weimarer Ausgabe, IV, 33, 1, (28.4.1820)
10. Goethe, Schweizer Reisen, 20ff.
11. Safranski, Goethe, 270
12. Goethe, Weimarer Ausgabe, IV, 4, 68 (28.9.1779) u. IV, 4, 66f. (25.9.1779)
13. Goethe, Schweizer Reisen, 142
14. Goethe, Briefwechsel mit Schiller, 245
15. Friedenthal, Goethe 2, 631f.
16. Eckermann, Goethe, 268
17. Eckermann, Goethe, 270
18. Goethe, Weimarer Ausgabe, IV, 8, 170 (3.2.1787)
19. Eckermann, Goethe, 582
20. Friedenthal, Goethe 1, 304

21. Friedenthal, Goethe 1, 317
22. Friedenthal, Goethe 1, 319
23. Eckermann, Goethe, 141
24. Goethe, Münchner Ausgabe, 15, 287f. (3.4.1787)
25. Goethe, Münchner Ausgabe, 15, 516 (3.11.1787)
26. Goethe, Weimarer Ausgabe, IV, 8, 173 (6.2.1787)
27. Goethe, Münchner Ausgabe, 3. 2, 41 u. 3. 2, 43 u. 3. 2, 47
28. Eckermann, Goethe, 327
29. Goethe, Münchner Ausgabe, 3. 2, 79
30. Goethe, Weimarer Ausgabe, IV, 8, 225f. (27.-29.5.1787)
31. Eckermann, Goethe, 41
32. Eckermann, Goethe, 41
33. Goethe, Münchner Ausgabe, 3.2, 45
34. Safranski, Goethe und Schiller, Beleg 74
35. Safranski, Goethe, Beleg 356f.
36. Eckermann, Goethe, 605
37. Safranski, Goethe und Schiller, Beleg 159
38. Goethe, Münchner Ausgabe, 20.1, 98
39. Eckermann, Goethe, 524
40. Georg Melchior Kraus, 1737 (Frankfurt) – 1806 (Weimar). Erster Direktor der Weimarer Zeichenschule. Mit Goethe befreundet. Zeichnete Goethe als Orest in der „Iphigenie"
41. Safranski, Goethe, Beleg 254
42. Eckermann, Goethe, 530
43. Eckermann, Goethe, 160
44. Eckermann, Goethe, 512f.
45. Goethe, Weimarer Ausgabe, IV, 10, 40 (14.11.1792)
46. Goethe, Weimarer Ausgabe, IV, 10, 32 (10.10.1792)
47. Goethe, Münchner Ausgabe, 14, 401
48. Goethe, Münchner Ausgabe, 14, 513
49. Safranski, Goethe und Schiller, Beleg, 86
50. Goethe, Briefwechsel mit Schiller, 386, (11.6.1799)
51. Goethe, Dichtung 3 und 4, 21
52. Safranski, Goethe und Schiller, Beleg 65
53. Goethe, Münchner Ausgabe, 6.1, 303f.
54. Safranski, Goethe, vgl. dazu Safranski 647
55. Safranski, Goethe, Beleg 478
56. Goethe, Münchner Ausgabe, 2.1.2, 2
57. Goethe, Münchner Ausgabe, 2.1.2, 67f.

58. Goethe, Münchner Ausgabe, 14, 239
59. Safranski, Goethe, Beleg 209

Alle Reisebeschreibungen sind mir, als wenn ich in meine flache Hand sähe
Goethes Gedankenreisen

1. Goethe, Briefwechsel mit Schiller, 464
2. Friedenthal 2, Beleg 711
3. Friedenthal 2, Beleg 580
4. Goethe, Münchner Ausgabe, 16, 614
5. Goethe, Briefe 1, 320
6. Eckermann, Goethe, 416
7. Kanzler von Müller, Unterhaltungen, 189 (2.4.1830)
8. Eckermann, Goethe, 708 und 710
9. Eckermann, Goethe, 641
10. Eckermann, Goethe, 641
11. Eckermann, Goethe, 828
12. Eckermann, Goethe, 864
13. Eckermann, Goethe, 680f.
14. Eckermann, Goethe, 83
15. Eckermann, Goethe, 79
16. Eckermann, Goethe, 217
17. Eckermann, Goethe, 294
18. Eckermann, Goethe, 295
19. Goethe, Münchner Ausgabe, 3.2, 151
20. Eckermann, Goethe, 537
21. Eckermann, Goethe, 653
22. Eckermann, Goethe, 339
23. Eckermann, Goethe, 74f.
24. Goethe, Münchner Ausgabe, 20, 1, 8 (26.8.1799)
25. Goethe, Münchner Ausgabe, 20, 1, 851 (6.6.1825)
26. Goethe, Weimarer Ausgabe, IV, 49, 283 (17.3.32)
27. Diers, Bettine, 133
28. Goethe, Münchner Ausgabe, 9, 935
29. Goethe, Tagebücher, 2.3.1812
30. Goethe, Tagebücher, 28.6.1820
31. Goethe, Briefwechsel mit Schiller, 464
32. Goethe, Wahlverwandtschaften, 100

33. Goethe, Tagebücher, 10.6.1809
34. Goethe, Tagebücher, 19.9.1826
35. Goethe, Tagebücher, 11.6.09
36. Goethe, Tagebücher, 9.4.1810
37. Goethe, Tagebücher, 15.5.1812
38. Eckermann, Goethe, 67
39. Goethe, Briefwechsel mit Schiller, 491
40. Schneider, Reise, 65
41. Goethe, Münchner Ausgabe, 13, 1, 140
42. Friedenthal, Goethe 2, 687f.
43. Eckermann, Goethe, 505
44. Eckermann, Goethe, 211
45. Eckermann, Goethe, 581
46. Eckermann, Goethe, 165
47. Eckermann, Goethe, 556f.
48. Eckermann, Goethe, 556
49. Goethe, Wanderjahre 2, 20
50. Eckermann, Goethe, 634
51. Eckermann, Goethe, 60
52. Goethe, Münchner Ausgabe, 20, 1, 851 (6.6.1825)
53. Safranski, Goethe und Schiller, Beleg 129

In ferne Regionen versetzen uns die Zeichnungen zu des Prinzen von Neuwied Durchlaucht brasilianischer Reise
Goethes Kontakte zu den Reiseforschern Lateinamerikas und der Südsee

1. Goethe, Weimarer Ausgabe, I. 36, 199
2. Goethe, Tagebücher, 22.3.1821
3. Schneider, Reise, Beleg 82
4. Goethe, Dichtung 3 und 4, 100
5. Safranski, Goethe, Beleg 284
6. Safranski, Goethe und Schiller, 286
7. Forster, Reise, 998
8. Forster, Reise, 998
9. Forster, Reise, 998
10. Forster, Reise, 135
11. Forster, Reise, 135
12. Forster, Reise, 307
13. Harpprecht, Forster, Beleg. 117

14. Eckermann, Goethe, 639
15. Eckermann, Goethe, 639
16. Vgl. zu Goethes Evolutionstheorie Kapitel 5
17. Harpprecht, Forster, 234
18. Harpprecht, Forster, 196f.
19. Friedenthal, Goethe 2, 417
20. Forster, Reise, 378, auch 903
21. Strauss, Langsdorff, 71f., 113f., Lebenslauf von Florence 51ff.
22. Schneider, Goethe, 172
23. Harpprecht, Forster, 448
24. Forster, Reise, 376
25. Harpprecht, Forster, 451
26, Richter, Humboldt, Beleg 43f.
27. Helbig, Brasilianische Reise, 29
28. Goethe, Tagebücher, 11.12. 26
29. Richter, Humboldt, 19
30. Richter, Humboldt, 21, vgl. dazu auch Richter 21
31. Eckermann, Goethe, 147
32. Humboldt, Äquinoktial, 1150
33. Richter, Humboldt, 73, so auch Richter 76
34. Schneider, Goethe, Beleg 37
35. Goethe, Tagebücher, 17.3.1807, 18.3.1807, 19.3.1807, 20.3.1807, 29.3.1807, 30.3.1807, 31.3.1807
36. Goethe, Tagebücher, 5.5.1807
37. Humboldt, Chimborazo, 87
38. Humboldt, Ansichten, X
39. Goethe, Tagebücher, 18.1.1810, 19.1.1810
40. Goethe, Tagebücher, 4.1.1810
41. Goethe, Tagebücher, 17.2.1827, 21.2.1827
42. Eckermann, Goethe, 171
43. Eckermann, Goethe, 626, 583
44. Eckermann, Goethe, 645
45. Goethe, Tagebücher, 27.1.1831
46. Schneider, Goethe, 45f.
47. Strauss, Langsdorff, 49f.
48. Bertuch, Eschwege, VII
49. Eckermann, Goethe, 488. Vgl. auch Blumenbachs Besuch bei Goethe am 2.10.1802 und Goethes Briefe an ihn am 17.5.1802, 15.8.1806 und 23.2.1807

50. Schneider, Goethe, 50
51. Goethe, Tagebücher, 30.3.1822
52. Goethe, Tagebücher, 25.9.1825
53. Goethe, Tagebücher, 5.4.1816
54. Goethe, Weimarer Ausgabe, IV, 27, 294, Schneider, Goethe, 70
55. Goethe, Weimarer Ausgabe, I, 36, 199
56. Goethe, Weimarer Ausgabe, III, 8, 30
57. Joost, Wied zu Neuwied, 8.
58. Joost, Wied zu Neuwied, 10
59. Joost, Wied zu Neuwied, 218ff., 47
60. Joost, Wied zu Neuwied, 145, 187, 171
61. Joost, Wied zu Neuwied, 99, 155
62. Joost, Wied zu Neuwied, 34f.
63. Joost, Wied zu Neuwied, 79
64. Joost, Wied zu Neuwied, 59
65. Joost, Wied zu Neuwied, 132
66. Joost, Wied zu Neuwied, 60ff., 136
67. Joost, Wied zu Neuwied, 91
68. Joost, Wied zu Neuwied, 214
69. Joost, Wied zu Neuwied, 137
70. Joost, Wied zu Neuwied, 146f.
71. Joost, Wied zu Neuwied, 62
72. Goethe, Weimarer Ausgabe, IV, 37, 37ff.
73. Schneider, Goethe, 148ff.
74. Schneider, Goethe, 66 ff.
75. Goethe, Tagebücher, 13.9.24
76. Helbig, Brasilianische Reise, Belg. 75ff.
77. Helbig, Brasilianische Reise, Beleg 31
78. Helbig, Brasilianische Reise, Beleg 48
79. Helbig, Brasilianische Reise, 31
80. Helbig, Brasilianische Reise, Beleg 43f.
81. Helbig, Brasilianische Reise, Beleg 42. Ein *aldeirter* Indianer ist ein mit der Zivilisation in Berührung gekommener Indianer
82. Schneider, Goethe, hier detailliert aufgeführt 186ff.
83. Schneider, Goethe, Beleg 123
84. Schneider, Goethe, Beleg 128
85. Eckermann, Goethe, 266f.
86. Eckermann, Goethe, 311
87. Helbig, Brasilianische Reise, Beleg 81

88. Helbig, Brasilianische Reise, Beleg 14, Brief vom 24.9.1816
89. Augustat, Brasilien, 15
90. Augustat, Brasilien, 22
91. Goethe, Weimarer Ausgabe, IV, 31, 233ff.
92. Augustat, Brasilien, 16
93. Goethe, Weimarer Ausgabe, IV, 45, 165f.
94. Goethe, Tagebücher, 17.3.1818
95. Goethe, Weimarer Ausgabe, IV, 45, 165f.
96. Goethe, Weimarer Ausgabe, IV, 36, 126ff.
97. Eckermann, Goethe, 230f.
98. Langsdorff, Tagebücher, 16.8.1826
99. Goethe, Tagebücher, 24.8.14
100. Chevigny, Lost Empire, 320
101. Strauss, Langsdorff, 20
102. Strauss, Langsdorff, 90f.
103. Helbig, Brasilianische Reise, Beleg 173
104. Schneider, Goethe, 132, Strauss, Langsdorff, 90
105. Eckermann, 491
106. Langsdorff, Tagebücher, 27.1.25
107. Goethe, Tagebücher, 2.7.1829
108. Goethe, Tagebücher, 12.4.1829, 25.9.1808, 24.10.1809, 27.3.1811, 16.8.1811, 18.10.1812
109. Joost, Wied zu Neuwied, 35
110. Goethe, Tagebücher, 2.10.1802, 17.5.1802, 15.8.1806, 23.2.1807
111. Eckermann, Goethe, 450
112. Eckermann, Goethe, 502
113. Eckermann, Goethe, 665
114. Eckermann, Goethe, 306
115. Eckermann, Goethe, 306
116. Eckermann, Goethe, 886
117. Eckermann, Goethe, 490. Am 10.6., 12.6. und 13.6.1824 las er in der „Anleitung zur Salzwerkkunde“
118. Goethe, Münchner Ausgabe, 19, 682
119. Langsdorff, Tagebücher, 20.11.1825
120. Langsdorff, Bemerkungen, 28
121. Langsdorff, Bemerkungen, 81f.
122. Nach Strauss, Langsdorff, 15ff.
123. Vgl. die jüngste Biografie über ihn von Stauss, Langsdorff

Ein grandioses, freies, weites Land
Goethes Lateinamerika- und Südseebild

1. Schneider, Goethe, Beleg 123
2. Hug, Menos tiempo, Beleg 267
3. Goethe, Weimarer Ausgabe, IV, 5, 319ff.
4. Schneider, Goethe, 30
5. Goethe, Briefwechsel mit Schiller, 304
6. Friedenthal, Goethe 2, 631
7. Eckermann, Goethe, 311
8. Eckermann, Goethe, 267
9. Goethe, Tagebücher 22.5.1812
10. Goethe, Tagebücher, 24.3.1810 und 25.3.1810
11. Meyer, Inseln, 8
12. Meyer, Inseln, 87
13. Meyer, Inseln, Beleg 11
14. Meyer, Inseln Beleg 9
15. Niedermeyer, Amerika, vgl. die Interpretation des Gedichts von Michael Niedermeyer
16. Goethe, Faust 2, 110
17. Eckermann, Goethe, 536
18. Eckermann, Goethe, 648
19. Eckermann, Goethe, 509
20. Eckermann, Goethe, 510
21. Eckermann, Goethe, 511 und 839
22. Niedermeyer, Amerika, 16ff.
23. Goethe, Wanderjahre 2, 80
24. Goethe, Wanderjahre 2, 83
25. Goethe, Wanderjahre 2, 231
26. Goethe, Wanderjahre 2, 155f.
27. Goethe, Wanderjahre 2, 171. Für die Überbevölkerung vgl. 133
28. Goethe, Wanderjahre 2, 132
29. Schneider, Goethe, 85, Eckermann, Goethe 842, Niedermeyer, Amerika, 16
30. Niedermeyer, Amerika 39
31. Schneider, Goethe, 172
32. Schneider, Goethe, Beleg 123ff.

Er braucht diesen schönen Bissen bei mir als Lockspeise
Bilder zu Lateinamerika

33. Eckermann, Goethe, 643
34. Eckermann, Goethe, 643

35. Goethe, Münchner Ausgabe, 9, 935
36. Goethe, Münchner Ausgabe 16, 246
37. Eckermann, Goethe, 516
38. Strauss, Langsdorff, 37

Sie werden gewiss freundlich aufnehmen, dass Ihr Name von schönen Lippen ausgesprochen wird

Der Einfluss Lateinamerikas und der Südsee auf Goethes literarisches Werk

1. Goethe schickte die „Wahlverwandtschaften“ am 5.10.1809 an Humboldt
2. Goethe, Wahlverwandtschaften, 157
3. Goethe, Briefwechsel mit Schiller, 317
4. Goethe, Briefwechsel mit Schiller, 269
5. Eckermann, Goethe, 148
6. Eckermann, Goethe, 44
7. Eckermann, Goethe, 248
8. Safranski, Goethe, Beleg 617
9. Eckermann, Goethe, 290
10. Goethe, Wahlverwandtschaften, 161
11. Goethe, Münchner Ausgabe, 20. 1, 211 (1.6.1809)
12. Eckermann, Goethe, 370
13. Eckermann, Goethe, 130
14. Goethe, Herrmann und Dorothea, 9. Gesang
15. Safranski, Goethe, 414
16. Eckermann, Goethe, 193
17. Goethe, Münchner Ausgabe, 8. 1, 485 (3.1.1798)
18. Goethe, Novellen, 188
19. Goethe, Novellen, 177
20. Goethe, Novellen, 178
21. Goethe, Novellen, 183
22. Goethe, Novellen, 183
23. Goethe, Novellen, 184
24. Eckermann, Goethe, 637
25. Goethe, Wanderjahre 1, 75
26. Goethe, Wanderjahre 2, 132
27. Goethe, Weimarer Ausgabe, 46, 167 (23.9.1829)
28. Eckermann, Goethe, 130
29. Goethe, Münchner Ausgabe, 17, 117
30. Safranski, Goethe und Schiller, Belege 126
31. Eckermann, Goethe, 274

32. Goethe, Theatralische Sendung, 39
33. Goethe, Theatralische Sendung, 16f.
34. Goethe, Theatralische Sendung, 54f.
35. Goethe, Weimarer Ausgabe, IV, 9, 125 (1.6.1789)
36. Goethe, Theatralische Sendung, 266
37. Goethe Lehrjahre 1, 231
38. Goethe, Lehrjahre 2, 261
39. Goethe, Lehrjahre 2, 11
40. Goethe, Lehrjahre 2, 141
41. Goethe, Wanderjahre 1, 75
42. Goethe, Wanderjahre 2, 132
43. Goethe, Wanderjahre 1, 69
44. Goethe, Wanderjahre 1, 132
45. Goethe, Wanderjahre 2, 174
46. Goethe, Wanderjahre 2, 156
47. Goethe, Unterhaltungen, 44
48. Goethe, Unterhaltungen, Nachwort 193
49. Goethe, Unterhaltungen, 56
50. Goethe, Faust 1, 43
51. Goethe, Faust 2, 224
52. Eckermann, Goethe, 590
53. Goethe, Faust 2, 188
54. Goethe, Faust 2, 221f.
55. Goethe, Faust 2, 219
56. Goethe, Faust 2, 223
57. Goethe, Faust 2, 226
58. Goethe, Faust 2, 234
59. Negt, Faust, 10
60. Negt, Faust, 49, 123
61. Negt, Faust, 114
62. Negt, Faust, 124
63. Goethe, Faust 2, 242
64. Goethe, Faust 2, 241
65. Goethe, Faust 1, 15
66. Eckermann, Goethe, 590
67. Safranski, Goethe und Schiller, 19, Beispiel des württembergischen Herzogs Karl Eugen
68. Eckermann, Goethe, 590
69. Eckermann, Goethe, 123

70. Eckermann, Goethe, 498
71. Eckermann, Goethe, 708
72. Eckermann, Goethe, 502
73. Schneider, Goethe, 139ff.
74. Schneider, Goethe, 139, 142
75. Friedenthal 2, Beleg 729

Ich vermute, Sie zu schnell zu einer Expedition in das ferne und geheimnisvolle Japan verführt zu haben
Der „Reisende“ Goethe wird zur literarischen Figur

1. Dem Goethe von Adolf Muschg von uns in den Mund gelegt
2. Eckermann, Goethe 258
3. Eckermann, Goethe, 261, 265
4. Muschg, Löwenstern, 71ff., 98f., 117
5. Muschg, Löwenstern, 117
6. Muschg, Löwenstern, 106f., 120
7. Mann, Lotte, 48
8. Mann, Lotte, 193
9. Mann, Lotte, 267
10. Mann, Lotte, 111
11. Mann, Lotte, 32ff.
12. Mann, Lotte, 336
13. Mann, Lotte, 344
14. Strauss, Julia Mann, 77
15. Harpprecht, Forster, 374
16. Mann, Lotte, 362, 351f., 318
17. Mann, Lotte, 360ff.
18. Chevigny, Lost Empire, 320

Da kommen sie und fragen, welche Idee ich in meinem ‘Faust’ zu verkörpern gesucht. Als ob ich das selber wüsste und aussprechen könnte
Zusammenfassung

1. Eckermann, Goethe, 590
2. Eckermann, Goethe, 423
3. Eckermann, Goethe, 142